鎮心經

炁楽仙女

ブックウェイ

本書は、教養を深めるための読み物ではございません。
どうすれば自己が本当に自立できるか、更に現実の地球における
諸問題を根本的に解決し、明るく豊かな未来を築いてゆけるか、
その道理を解説し、具体的な方法を提案する案内書です。

鎭《ちん》心《しん》經《きょう》

道《どう》無《む》二《に》致《ち》
求《きゅう》諸《しょ》己《き》者《しゃ》
内《ない》外《がい》功《こう》候《こう》
定《てい》是《し》心《しん》志《し》
默《もっ》化《か》之《し》功《こう》
大《たい》哉《さい》心《しん》靈《れい》
一《いっ》炁《き》堅《けん》定《てい》
自《じ》生《しょう》自《じ》滅《めつ》

理《り》無《む》二《に》門《もん》
必《ひっ》誠《せい》於《お》中《ちゅう》
表《ひょう》裏《り》相《そう》通《つう》
如《にょ》保《ほ》赤《せき》子《し》
歸《き》原《げん》自《し》然《ぜん》
惟《ゆい》神《しん》是《し》守《しゅ》
如《じょ》如《じょ》者《しゃ》靜《せい》
各《かく》有《ゆう》其《き》因《いん》

無《む》法《ほう》曰《えっ》法《ぽう》
誠《せい》於《お》中《ちゅう》者《しゃ》
以《い》水《すい》濟《さい》水《すい》
前《ぜん》關《かん》通《つう》靜《せい》
入《にゅう》水《すい》不《ふ》溺《でき》
大《たい》哉《さい》乎《こ》神《しん》
靜《せい》極《きょく》而《じ》動《どう》
因《いん》果《が》輪《りん》廻《ね》

無《む》功《こう》曰《えっ》功《こう》
必《ひっ》形《けい》於《お》外《がい》
以《い》火《か》濟《さい》火《か》
後《ご》竅《きょう》自《じ》潜《せん》
入《にゅう》火《か》不《ふ》焚《ふん》
惟《ゆい》化《か》一《いっ》炁《き》
乃《ない》化《か》萬《ばん》形《けい》
皆《かい》在《ざい》運《うん》用《よう》

先《せん》天《てん》無《む》極《きょく》　後《こう》天《てん》無《む》數《すう》　無《む》極《きょく》者《しゃ》極《きょく》生《しょう》　無《む》数《すう》者《しゃ》數《すう》運《うん》

以《い》數《すう》化《か》數《すう》　乃《ない》應《おう》其《き》機《き》　以《い》刧《ごう》化《か》刧《ごう》　刧《ごう》於《お》刧《ごう》刧《ごう》

相《そう》靜《せい》者《しゃ》動《どう》　相《そう》動《どう》者《しゃ》靜《せい》　道《どう》慈《じ》功《こう》候《こう》　無《む》非《ひ》動《どう》靜《せい》

渡《と》人《じん》功《こう》行《こう》　亦《やく》必《ひつ》曰《えっ》靜《せい》　靜《せい》機《き》而《じ》化《か》　運《うん》於《お》輪《りん》幻《げん》

修《しゅう》持《じ》有《ゆう》定《てい》　気《き》化《か》靡《み》常《じょう》　修《しゅう》於《お》自《し》然《ぜん》　化《か》於《お》當《とう》然《ぜん》

天《てん》眼《げん》天《てん》耳《に》　是《し》曰《えつ》色《しき》空《くう》　空《くう》中《ちゅう》之《し》色《しき》　不《ふ》離《り》乎《こ》目《もく》

空《くう》中《ちゅう》之《し》聲《しょう》　不《ふ》離《り》乎《こ》耳《じ》　不《ふ》離《り》耳《じ》目《もく》　是《し》曰《えつ》非《ひ》色《しき》非《ひ》聲《しょう》

寓《ぐう》乎《こ》至《し》空《くう》　乃《ない》有《ゆう》眞《しん》色《しき》眞《しん》聲《しょう》　修《しゅう》聲《しょう》修《しゅう》色《しき》　幻《げん》有《う》幻《げん》無《む》

因《いん》因《いん》輪《りん》輪《りん》　其《き》於《お》是《し》可《か》以《い》返《へん》其《き》本《ほん》來《らい》已《い》

目次

はじめに

鎮心経《ちんしんきょう》は、１９３６年（昭和十一年）の八月十二日に、道院《どういん》の行宗至虚、特別経咒文壇という所で非人為的に伝授された経咒《きょうじゅ》と記録されています。その目的は、この世界の壊滅的な刼《ごう》の発生を未然に防ぐ為との事です。刼というのは、災害や戦争、異常気象や飢饉《ききん》などを指して言いますが、人が直接的間接的に、その原因の９５～１００％を作っている事実は今やＩＰＣＣ報告書にも見られる様に世界の科学者達の常識となっています。勿論、作りたくて作る訳ではないでしょうが、例えば、山林の乱開発や、目先の利益優先の為や、善意からであっても配慮や知恵が足りなかったり、時期を失したりして、環境に悪影響を及ぼした歴史は知られていますね。

そのように刼は、人心の不正、人知の不足、人行の不適によって起こるものです。ですから、単純に言いますと、人心が正しくなり、人知が十分に発達し、人行が適当に発揮されれば、刼が発生できなくなる筈《はず》です。

通常、我々が自分の身体や周辺の道具等を注意深く愛用しているつもりでも、年数を経るうちに老化や劣化という現象は起こってきます。それは数に由る変化現象で、人の責任ではなく必然的な事とされています。

そういう意味で古来、数は天に因《よ》り刧は人に因ると謂われています。現実には、その数に人の不正や不適等が加わり、複雑な様相を呈します。近い歴史を見ても、いわゆる公害問題や複合汚染というような現象など、現実の例には少しも不自由しませんね。実に悲しい、嘆かわしいことです。けれど、その数でさえも、人の適正な智恵と努力で驚くほど変換できる、という光明溢れる真実をお伝えする事が、本書の主目的でもあります。我々には、既に起こっている災刧を、魔術のように一瞬で消し去る事はできません。又そういう事は、世界の秩序を保つ上で善くありません。ただ、未だ現実に発生していないけれど、原因や兆しが既に存在して、このままでは必ず大惨事が引き起こされる、そういう因を弭化《みか》するのは、人ができる事であり、すべき事であり、すれば善い事であるはずです。

弭とは、弓の端にある弦を止める金具で、転じて戦いや災いに終止符を打つような意味です。弭化は善い方向に逆転する意味とも言えます。

と言っても、原因や解決方法が不明では、効果的な実行はできません。人知の不足に関しては、様々な分野で、日夜研究努力実践されている方達も少なくないでしょう。特に科学技術的な分野では、明るい未来に向かいそうな素晴らしい研究開発も次々と為されているでしょう。

人心の不正に関しても、なんとかしなくては、と真剣に考え、広く情報を収集、発信、交換し、それぞれの国や民族、伝統等の小さい枠を超えた種々の協調的な取り組みが、最近は特に盛んに為されているようです。

けれどこの世界では、遠い過去から今に到るまで、著名な宗教集団等の間にも、協調体制とは程遠い面倒な問題が多々観察されています。

その為、折角の素晴らしい研究も、人心の利害に由って独占されたり、歪曲されて、却って刧を招く事態にもなっているように見受けられます。

そして更に、人行の不適に至っては、善いと思って為す場合でさえも、方法や時期の不適、条件の不備、行動の過度や不足、或いは当事者の予期せぬ事態等によって、逆効果の結果にもなり得ますから難しいところです。そんな時われわれは、全知全能か良知良能か、どちらかが有れば、などと思うものでしょう。

失敗の無い完璧な知恵や行動は、どうしたら得られるだろうか、筆者は幼少の頃から本気で考えていました。善意の行動が災を招いたり、悪者が栄え善者が不祥なケースなど、理不尽で納得できないではありませんか？

「衆生を度する者は衆生なり。衆生を滅する者も亦衆生なり。」という、道院の経典の一文に出会った時、筆者は非常に感動し納得いたしました。

その後、「衆生を生じる者は衆生なり。衆生を滅する者も亦衆生なり。」、又別の経典で「衆生を生じる者は息なり。衆生を滅する者も亦息なり。」、更に「衆生を生じる者は炁なり。衆生を滅する者は気なり。」というような表現に出会って、次第に経典研究がライフワークになってまいりました。

そして、最近になって、鎮心経の有り難さと申しましょうか素晴しさを皆様に広くご紹介しなくては、と痛切に感じるようになりました。

鎮心経は少ない文字数ながら大道の真理の要点を網羅していて、しかも最初から刼を化す目的の道具として降ろされた特別な経咒です。そして、この順序に従えば必要と思われる道理をお伝えできそう、とも感じました。それと、この経咒が道院内でも一部の人々にしか注目されず、意味も不明であるので、この際、解説資料として提供したいと思い至った次第です。

もし、この鎮心経の真理とそれに繋がる妙法を、一人でも多くの方達が理解され、更にご自身のできる所から少しずつでも実践されてゆくならば、その方達と周囲に、どれ程の善気が満ちてくることでしょうか。そして、この地球世界は、どれ程の叡知的な楽園になってゆくことでしょうか。

大道の真理の世界に皆様が参加されますよう、心から願うものです。

鎮心経の概要

鎮心経は、題名の如く「心を鎮する」というテーマの経咒です。その文脈は「道無二致」から開かれて「返其本来」で閉じられています。そして「道無二致」から再出発して「返其本来」で帰着するサイクル様式になっています。それは偶然ではなく、天地宇宙がそのような運営構造になっていて、それが自然天然の姿であるからでしょう。

ところで、常識的には、天地は自然から発生して自然に回帰するという解釈に行き着くようで、「だからこそ、今という時を大切に、後悔しないように生きるべきです」というような有識者の提唱が為されます。そしてそれが模範的な考え方であると暗黙の内に普及しているようです。けれど、そういう一般的意味の確認を促すだけならば、わざわざ特別の御経として伝授される必要があるでしょうか？

道から発生して道に帰するのは、この物質世界のもの達の在り方です。それが不善であるとは申しません。それはそれで一種の安寧でしょう。

そして又、そのように心から納得して今の仕事や娯楽に集中できている方達には、この鎮心経の真の意味を知る必要は無いでしょう。

道には、色々な展開をして、ぐるりと巡回してきて最初の出発点に戻るという現象があります。その戻った地点が最初と同じであれば、サイクルとしては安泰でしょう。閉じたサイクルですね。けれど、若し自分自身がそのサイクルの中に組み込まれて、惟流転《るてん》して生きるとすれば、人として幸福でしょうか？　それは自分自身の本当の希望でしょうか？

「返其本来」の本来とは、道を主宰する自然です。創造主と呼ばれる事もあるでしょう。勿論その主宰者に取って代わるという意味ではありません。その主宰者側に成り、更に進化体験を経て、新たな銀河を創造することも一選択肢でしょうし、或いは時間空間に対して自在な立場で生きることも可能という、本来の人の存在意味に帰源するということでしょう。

人、本来の人とは、常識を越えた、もっともっと素晴らしい存在です。という事を、本書を通じて感じて頂ければと思います。そして、ただ単に素晴らしいんだって、と他人事のように感じるのではなくて、願わくは、その輝かしい人に、自らが成るべく行動を起こして頂きたいのです。

それには、先ず道の真理に関する基礎知識を得る事、そして具体的かつ簡単な方法を、ある程度継続的に実践される事が最も捷径になります。

では、本文の順序に従って、ご一緒に参経《さんきょう》してまいりましょう！

道無二致　理無二門　無法曰法　無功曰功

道無二致《どうむにち》　理無二門《りむにもん》　無法曰法《むほうえっぽう》　無功曰功《むこうえっこう》

道は二致無《な》く、理は二門無し。法無く法を曰《い》い、功無く功を曰《い》う。

道には元々、二つのシステム、運営方法というものは無く、又それ故に、厳然とした法が存在します。道理には二つの出入口というものは無く、又それ故に、道理の功《はたらき》も自然に、この現実世界に於いて展開されます。

道の中に含まれる我々も同様に、二つの法に規定されるわけではなく、又、道の真理に繋がる門は、多種多様に見えていても実は一つです。

道《みち》の文字は首が歩み進んでゆく象形文字です。古くは首だけで道を表す場合も観られます。首《くび》とは人の頭部ですが、首領、首長のようにカシラを意味することもありますね。その首が進んでゆく象は、主体性、積極的、前向きな姿を現しています。そして、進むという行動に関連して、道路《どうろ》、方法、導《みちび》く、道《い》うなどの使われ方もします。そういえば、英語の way も、道路や方法に共通する、似た発想から生まれた言葉かもしれません。

「道は二致無く」の道は、根本の大道、タオのことと思ってください。

システム的ニュアンスの宇宙を指す、と意識されると分り易《やす》いでしょう。

けれど勿論、人が歩めなければ人の道とは言えませんし、天地が拠り所にできなければ天地の道とは言えません。他に、陰陽の道、動静の道、修養の道、書道、華道、武道、舞踊の道……等と多くの道が有りますが、人に関しては皆、自らが歩み進んで行くことを前提としているでしょう。

「道徳《どうとく》」という言葉も、様々な解釈があろうかと思いますが、概して人として、大道の徳を学び修得して、大道に代わってその徳を表現するというような姿、行動、思考、志向などを含めて道徳と言えるように思います。

そうです。道には徳が有るという認識は大事でしょう。徳の無いものを拠り所にしたり懸命に学んで実践しても、意義深くありませんよね。

けれど、「道には、徳が有る」と、人の側から観られても、道自身は徳が有ると思っていないらしく、徳が有ると自慢する訳でもありません。

その事が、道の徳を如実に表わしているとも言えるでしょう。つまり、自然に無為に全てを包括し統制しながら、自ら誇ったり自負する事も無い、その事こそが、尊敬すべき道の徳そのものであると推察できます。

ところで、無為自然と言うと、消極的な印象を持たれるかもしれません。道の積極性という概念は非常に重要なので、少々ご説明しておきましょう。

道は非常にアクティブな存在です。若《も》しそうでなければ、あらゆる物事を生み出し育み、或《ある》いはリサイクルする壮大な作業を何気なくこなすことなど不可能でしょう。そして更に、道は非常にポジティブな存在です。

老荘思想では、道は混沌《こんとん》を根本にしていますね。それについての詳細は他書にお譲りしますが、道院《どういん》の理論では、混沌に対して渾噩《こんがく》という言葉が用いられ、混沌より積極的でポジティブな、しかも厳然たる法則性を包含している渾然一体状態を指します。仏教の寂滅という言葉についても亦、ポジティブな寂滅とネガティブな寂滅を区別して経典に説かれています。

ここで言う「ポジティブとネガティブ」の意味は、宇宙自身の生命体としての意識、生命活動の基本姿勢、ビジョン等が肯定的であるか否定的であるかという意味です。つまり、道は基本的に、道自身の生命とその中に含む各生命体の生命を肯定する、という大原則を有しています。

生命を積極的に否定する思想など論外ですけれど、道院では特に積極的に肯定し、又ただ単に理論的に、或《ある》いは心情的に肯定するのではなくて、その原則に法《のっと》って組織の基本的な運営方針が決定され、各々の個人的な研修カリキュラムが提案されてきました。そこが重要な点です。

では、何故に道には「二致が無く、二門が無い」のでしょうか？

その回答には多種多様の表現が可能でしょうけれど、単純に言いますと、「道が一炁《いっき》から生じ一炁に帰《き》す」からです。という事で、道を明するには先ず「炁《き》」について知る必要があります。そして又、炁について知るには、「有無《うむ》」について考えてみる必要があります。

通常、目に見えたり手で触れたりできる物を、我々は有ると感じます。そしてその事によって、個人の日常生活や社会生活が成り立っています。確かに、無形物よりも有形物の方が五感で確認し易《やす》くて、拠《よ》り所としての安心感が得られそうに思われます。ご存じのように、嘗《かつ》て電気や分子なども目に見えないという理由で信じられない時代がありました。現代では、見えないから否定するという態度を非科学的とするのが定説でしょう。

さて、有無の発生を知ろうとしますと、やはり元々の構成物の最小単位を追求するのが科学の宿命でしょう。大道の基本経典では逆に、最初から全ての物、現象のルーツを「炁《き》」と命名しています。勿論、元々は名前など無い訳ですが、過去の聖賢達によって便宜上「炁」と名付けられています。

炁は肉眼で見えず、手で確認もできず、有ると言えない超微渺なもので、粒の最小単位です。それを信じて拠り所にせねばならない、のではなくて、誰しも信じざるを得ない物の元に対して仮に「炁」と呼ぶということです。

旡はダークマターと呼ばれる物かも、或いは更に先の物かもしれません。そうです。無といっても、本当に何も存在しない無からは、何も生まれません。原因が何も無いのに結果が起こる、ということは道の秩序に反し理にも反します。ですから旡は、無のような超有とも言えるでしょう。

無のように見える程の微細な物であるからこそ、どのような現象も発現できるのです。そして、無のように見えるものが溢《あふ》れる程有る、そういう環境であるからこそ、森羅万象が展開されるのでしょう。

それ故に、道の存在は「一」であり、道の中で展開される森羅万象も亦、全て「一」から始まり「一」に帰するもので、本質的に一致《いっち》するしかない仕組み、原則になっています。決して0《ゼロ》から始まり0に帰するのではありません。0は確かに、現実世界の中で便利で有益な道具でしょう。けれど0は特定の事象の無を示すもので、道理の無とは別の概念です。

この広大な宇宙自身も、一から始まり一が拠り所にされている筈です。

ですから、我々もその大前提から出発しましょう。

「どうせ全てはゼロなんですけど」というような前提では、大道や生命を考えたり語っても意味が有りません。即ち、自己が無から始まり無に帰すのではない、と認識する事が先ず、正常な意識の基となるでしょう。

けれど、それだけでは未だ人は、心底からポジティブに成り切れないでしょう。宇宙の明るさ、大らかさの裏には、絶対的な自信が観察されます。その自信は、永遠性、普遍性に係わる自己管理態勢に於ける自信でしょう。致《ち》というのは、致《いた》すということ、例えば行動や現象を起こすことですね。

この肉眼で見える世界で起こる現象は、全て大道のシステムの範囲内で起こり、結局は一に回帰します。所謂《いわゆる》諸行無常で、常に変化し淘汰《とうた》されてゆく全ての事象は、道の法に従うわけです。人の身体も亦その中に含まれ、必ず固有の形態を亡くして材料の世界に戻ります。

それ故に通常、人が永遠性を求めようとすると、自分自身の形体も信頼できないので、形体以外のオカルト的な分野に求めるか、若しくは美術や芸術のような普遍的雰囲気のある方向に求めるか、或いは又、自己自身の延長線上にあると感じられる子孫や後継者にバトンタッチするという方法をとって持続してゆくというような考えになります。

例えば、文化的な風習や独自の技術を、地域の人々や弟子などに脈々と伝承してゆく、そういう状況も永遠性と言えるかもしれません。

又、深海に住む生物達のように、太古の姿や生き方を延々と子々孫々と守り続けている、それも永遠の生命風であるかもしれません。

けれど、太陽や地球がやがて寿命を終える時が来れば、地球に依存している者達は運命を共にせねばならないでしょう。それは最初から決まっている現実です。そういう状況に為る事は、我々人類も含めて地球に生きる生物にとって、絶対に納得し容認すべき運命なのでしょうか？　そして、それは例外を認めない、従うべき真理なのでしょうか？

宇宙のシステムは、どのように永遠性を保っているのかと申しますと、形態から観れば、サイクルすることによって永遠性を保つものです。

例えば、宇宙の中で、そこに存在する材料によって星々が生まれます。そして、各々が変化し、やがて一生を終えて材料に戻ってゆきます。

その材料によって又、新しい生命が形成され、その固有の一生を過ごし、また材料の世界に戻ってゆく、そういう事が、後にも出てきます因果輪廻と呼ばれるサイクルです。宇宙自身がその形態の終焉を迎える時には又、新しい宇宙の出発が起こる筈です。目に見え手で触れられる形態に囚われなければ、完全な終わりは有り得ません。

心情的には、宇宙自身が再生した場合、その前後の宇宙は連続しているのか気に掛かる所です。その問題は又、自己の形体の死後に固有の生命体としての意識を継続できるか否か、という懸念にも繋がりますね。

その問題については輪廻の所で再考いたしますが、結論を申しますと、宇宙は大性命体（生命と性命についても後述）なので大丈夫という事です。

宇宙の中の万物に永遠の性命が無いとしても、宇宙自身には有ります。と断言できる所以は、宇宙が先天炁という絶対的な物を拠り所にして運営する法を確立しているからに外なりません。物の元を炁と名付けている訳ですから、全てのルーツを否定しない限り、それは絶対的です。

ですから、万物の一員であっても、若《も》しも宇宙と同様のシステムを確立できたならば、その者は永遠性を得るはずでしょう。

そして、我々の大親なる宇宙が永遠の素晴らしい存在であるとすれば、その宇宙の中で生まれて生きている我々が、しかも小宇宙と呼ばれる身体の構造を有している我々が、親と同様の永遠性を得ることは出来ない、と断定する方が不自然ではないでしょうか？

有形の物体は必ず無形に帰りますから、有形である物事は、それだけで、永遠性を欠いている訳です。そういう物を拠り所にするのは賢明ではないでしょう。それに対して超有形の炁は、あらゆる可能性を含んでいます。あらゆるですから永遠性も有ります。道院の経典（未集経髓二—六）中には、「気には終始有り。炁には終始無し。」と説かれています。

炁を元々の物の原材料と言えば、気は有形の母、有形の本です。気も亦、炁から生じます。炁が全ての物、現象の元であり、気は其《そ》の炁の功用を具体的な世界で表現し展開する本《もと》と言えます。

我々の目に見え、手に触れる三次元の物体は、気が凝固した状態です。そして、時間の長短はあっても、気は必ず炁に帰ってゆきます。「炁息《きそく》の軌は、即ち道。道生の母は、即ち炁。是《ここ》に、道と炁たるや一なり。（正経午集六―八）」とあり、道と炁は切り離せない一にして不二の存在です。けれど、道の主旨は決して、炁を尊び気を軽んじるものではありません。

炁の存在が全てを支えているのですから、炁は勿論尊ぶべきものに違いありませんが、気はその素晴らしい働きを表現するのに必要不可欠のものですから、その存在価値も当然大いに尊ばれるべきです。そういう意味で、我々の周囲に有る、気の作品である有益な物や美しい物も、永遠性は無くても評価され大切に活用されるべきでしょう。

と言いましても、人にとっては、やはり自己や自己の大切な人や物達が永遠性を得る事ができるか否かという問題は簡単に破棄できませんね。

永遠性、普遍性、絶対性等に関する憧憬は人が当然本来有している性質に由るものです。それは天地間に於ける人の役割と関係してきます。

人の役割は、天地と対等の立場で並んで天地人三才を成すと謂われます。その場合の人とは決して、材料の世界に戻ってゆく形を固有するだけの人ではない筈です。真の自立に達した一人前の成人である筈です。

そんな人に成る事が、この世界の現実の人間にとって可能でしょうか？その問題に対して回答と具体的提案をするのが本書の目的でもあります。必要な基礎知識を得た上で一歩一歩丁寧に実践されれば、真の人に成ることは決して机上の空論ではなく、無理なビジョンでもありません。

確かに、永遠性を得ている人が殆ど皆無に近かったことは、我々の知る歴史的事実でしょう。釈迦仏陀などは、その少数人の中に数えられているでしょうけれど、有名な賢者でも中々その中に属することはできません。それは何故でしょうか？――炁気の道理と、実際に先天と後天を主宰する簡単で安全な方法が不明であったからでしょう。

宇宙と同様のシステムを確立した、一人前状態に達した「真人《しんじん》」の場合は、天地間に於いて、炁と気を調和する役目を担当していると謂われます。道院の経典（北極経髓人集一―二）中には、天地人各々の役割について、「天道は化を主す。故に陰陽を曰う。地道は生を主す、故に柔剛を曰う。人道は霊を主す、故に動静を曰う。」と説かれています。

「天地の道は、可《よ》く一言にして尽くすや（一言で尽くせば）、平する而已矣《それのみかな》。万物の道は、可く一言にして尽くすや、息《そく》する而已矣。陰陽の道は、可く一言にして尽くすや、化する而已矣。性命の道は可く一言にして尽くすや、正《せい》する而已矣。（正経午集十六―四）」との味わい深いお言葉もあります。

「息《そく》する」という道語も非常に大切です。後のページにも出てきますので、記憶に留めておいて頂きたいと思います。

「形而上《けいじじょう》、形而下《けいじか》」という言葉をご存じでしょう。

「形より上は之を道と謂い、形より下は之を器と謂う。（易―繋辞）」と有名ですね。形上形下とも謂います。形以上は無形の道で、形以下は有形の器、物体という、先天炁の世界と後天気の世界と同様の捉え方でしょう。

それでは、その基準になっている「形」とは何でしょうか？

既にお分りのように、この世界の幻影の如き形は基準として不適当です。基準とするには、曖昧なものでなく、しっかりと拠り所と為り得る物理的に安定したものでなくてはなりません。ということで、

基準となり得る形は「真形《しんけい》」と呼ばれる形以外には考えられません。

材料の世界に戻ってゆく形以外の真実の形を持つ故に、永遠性を有する道の運営に賛参する、主催者サイドに立つ真の人に成るわけです。

そうです、真形は、真人の証。真人が所有する、宇宙と同様の炁気管理システム運営機能を有するコントロールセンターの形とも言える「真霊《しんれい》」の形です。形而上と形而下、炁の世界と気の世界を連結する機能を有する、という事が重要で、そういう形を完成させる事が可能と謂われています。

真形は、気に由り形成される故に、有形であると言えます。又、同時に炁に由り成立される故に、無形であるとも言えます。そして真形は真息に由り、無形である道と有形である器の先天後天の輪運（サイクル）を繋いでいます。それ故に基準になり得ますし、それを基準として宇宙の大なるを仰ぎ品類の盛んなるを察する（王羲之―蘭亭序）のに適当である訳です。

ですから、真形を得る事が永遠の生命に繋がる、という道理になります。

真形を形成してゆく方法については、順次お話ししてゆくつもりですが、鎮心経は未だ最初の文が始まったばかりですから、急がず、ゆっくり丁寧にお読み頂きたいと思います。速く結論を知りたい、結果を出したいのは人情ですけれど、「急がず丁寧」が実は最も近道になります。

ここでは、実際に真形が存在しなければ、道と器が融合した真の大道のシステムが展開できません。又、真形の存在を知らずに「形而上、形而下」を語る事はできません、という道理をご記憶願います。

因みに、三才という「才」は、「天地の道を財成（きりもりして造る）し以て万物の宜を相する者なる所以なり。（経髄人集四―二―三慧聖註）」とあり、又「財成は天地の道、輔相は天地の宜、以て民を左右す。（易繋辞）」等とも説かれています。

そして更に、「三才をする者は、天人《てんじん》一貫の至機《しき》なり。」、「一が之《これ》（一貫の息通《そくつう》）の主と為り、其の二を主するや、二が枢紐《すうちゅう》と為り、三は乃《すなわ》ち其の統系《とうけい》を有す。其の統系を有し、則《すなわ》ち万形万色《ばんけいばんしき》は、方《まさ》に能《よ》く十方に於いて遍《へん》して大千に於いて化生の動機を佈《し》くべきのみ。大千に普化《ふか》するは、一炁《いっき》に非ざる無し。（経髄人集四―二―三）」とも説かれています。大千とは世界のことです。三千大千世界とも謂いますね。正確な数値ではありません。

数《すう》の話は後で再登場しますが、ここでは、数の前に理が有るということ、理が有って数が展開されることをお解りになれば十分でしょう。

理とは条理、理論の理で、ことわり、治める、玉の筋目を表わすとの事。道理は惟「一」です。道は「炁と気により運営される」――それだけです。理も亦、炁が有っての理です。厳密には、「理の源は、炁の玄より出る」と説かれて（正経午集十九―七）、簡単に言いますと、至静状態から、炁功が発動する、又理も発揮されるというような意味になります。

ところで、性《しょう》の源は炁の玄ではなく「霊の玄」と曰われます。それは、各自の固有の性というものは、固有の霊凝に因り生じるからです。けれど共通することは、孰れも至静状態から生じる事です。それは、道理を理解する上で非常に重要な基本的な事ですので、牢記して頂きたいと思います。「先天の化は、一静に於いて息す。後天の生は、一正に於いて息す。」と曰われる（午十九—十一）ように、心神の静と炁功の正は恒に重要です。又、「正化の功は心適に在り、正化の候は寥守に在り。（経髄人四—六）」とも説かれています。「静」と「適」は常に修養のキーワードとなります。

その炁が気へ化し、気が炁に帰す出入り口、門は無数にありますが、又一種類しかありません。真形も無数に有り得ますが、皆同一の仕組みです。

理が発動される門に、二種類の門は無いと曰われる所以です。

「無法曰法」の意味は、炁のはたらき（炁功《きこう》と謂います）は法という言葉も当たらなくて自然としか言い様がないのですが、その自然の功が存在する故に、全ての合理的で適正な法が、気の世界において施行されます。

「無功曰功」の功はその自然炁功を指します。炁功だけが自然の功と謂え、それが気候を展開します。そして気候は炁の世界に回帰します。その際に通過する門、炁気変換の門については、順次ご理解頂けると思います。

「功は功と為す所無く、静を統する（それに由り自然炁功が起こる）に在り。候は候と為す所無く、動を系するに在り。（北極経髄人集一―一―三）」とも説かれています。動を系するとは、天然の気候が炁に回帰することです。

真の人とは、その炁功と気候の中間、接点、臨界に意識感覚を置いて、先天世界と後天世界、即ち形而上の道と形而下の器の世界を繫いで双方のメリットを受けても後天のダメージは受けない、そういう存在を指します。それは、形而上形而下の基準となる真形（真霊の形）とエネルギー状態が十分に完成しているか否かで決まります。高潔な人格者であると社会的に認められているか否か等は問題ではありません。善い性格や高い能力は、必要無いのではなく、真形の完成に伴って当然付随してくるからです。

但し、一度真人のレベルに達しても、その状態を更に十分安定させて、仏教で謂われる不退転《ふたいてん》に成る事が次の課題となります。十分安定しないと何かの事情で急に退転する場合も少なくない実情です。

けれど兎《と》も角、その第一歩を踏み出す意味でも、「鎮心」という事が重要になるわけです。本書を早合点せず、盲信せず、頭から否定批判せずに、善く理解されて、できそうな所から実行される事をお奨めいたします。

そして時折再読なさるなど、案内書としてご活用頂ければと思います。

要は、大宇宙のように有も無もポジティブに捉える意識から出発して、自己を進化させる修養をしてゆく事。それより他に入る門は有りません。その様にして天地の位育に賛参する一人前の人に成れるという道理です。天地の位育に賛参すると言っても、面倒な技術的作業をするとか、重いノルマを負わされるとか、そういう事は道理的に有り得ません。

惟、自分らしく、気持ちよくしている事が必要になるだけでしょう。存在しているだけで、自然に天地の役に立ち、一切衆生のためになる、そのような存在に成り、それを持続する事が本来、人の在り方と言えます。そして大真人ともなれば、宇宙の叡知を自己の知恵と同様に自然に使い、炁の力を自己の力と同様に自由に用い、いかなる時空間においても自然に輝けるでしょうし、固有の銀河を開設しようと思えばそれも可能でしょう。或いはポジティブな寂滅の如く深く休息することも可能でしょう。

これらは空想で言っているのではありません。理論的に当然あり得る事ですし、私も現実に、そのような人達に出会った体験があります。

又現実に、そのように成ろうと努力している修養の仲間達もいます。

そういう真人に絶対成りたい、或いは成れるものなら成ってみたいと、貴方も思われるでしょう？

求諸己者　必誠於中　誠於中者　必形於外

求諸《きゅうしょ》己者《きしゃ》　必誠《ひっせい》於中《おちゅう》　誠於《せいお》中者《ちゅうしゃ》　必形《ひっけい》於外《おがい》

諸（これ、これら諸《もろもろ》）を己《おのれ》に求める者は、必ず中《ちゅう》に於いて誠《まこと》すべし。中に於いて誠する者は、必ず外に於いて形すべし。

諸とは、最初の文の「二致無い道」、「二門無い理」ですね。これらを、他人や巷《ちまた》の文献に対して求めるのではなく、自己に対して求める者は、ということは、それらは外に求めても得られないということです。

言い換えますと、自己に真形を求めるという事になります。

真形も真の門も、自己の現身中に出来るものです。その成立については、「原素が先天に於いて蘊するや、陰陽がその中に乎いて蘊するのみ。故に、人が能く其の素を行し、その素を守すれば、則ち炁功の養は、不充にして自充するのみ。（太乙正経午集九節—五籙・慧聖註）」と説かれています。又、「是の無形の形は、乃ち能く膻中《だんちゅう》に於いて分し丸宮《がんきゅう》に於いて形す。而《しか》る後、吾形の真するや、その神を分するのみ。吾形の化するや、その霊を凝するのみ。」と老祖様は曰われます。真形の完成予定地は、胸の辺《あた》りです。

人が反省したり内省するような場面で、無意識に胸に手を当てる動作をしますね。それは、本来の自分の心に問いかける行動と関係しています。膻中というのはミゾオチの辺りです。辺りというのは、東洋医学の経穴のようにピンポイントで指定しないという事に意味があります。きっちりと特定してしまいますと、意識が頑《かたく》なになり安息し難く良くないのです。

そのプロセスの概略を申しますと、先ず真形の完成予定地に霊の核とも言える基を発生させて（その事を『真胎を孕する』と謂います）、そこへ炁を導いて養ってゆき、同時に無駄なエネルギー散出をなるべく倹約しながら真霊の形を無理なく整え完成してゆく、ということになります。

それが道院で謂われる修養《しゅうよう》です。そして、その修養のカギとなる方法が「坐《ざ》」です。特に、真坐《しんざ》とか息坐《そくざ》と謂われる坐です。坐については本書を読み進まれる内に色々な方向から理解を深められると思いますが、ここに「必ず中に於いて誠すべし」「必ず外に於いて形すべし」と曰われるのは、この坐の基本的な方式を端的に表わしています。

坐に由る修養は、やはり自分で自分の身体を使って行わねばなりません。それは坐に限ったことでもなく、何か自分にとって特別の価値のある物事を得ようとするなら当然の事でしょう。

例えば自転車に乗るのでも、幾らか練習が必要です。そしてその前に、或いは練習と並行して、自転車の仕組みについて必要最小限以上のことを知り、交通のルールや実際の交通事情などについても知らねばなりません。それらの知識は教本や周囲の人など外に求める事が可能です。けれども、必要な事を理解し、更に実際に練習する過程は、自分自身で行って初めて現実に乗れるようになれるでしょう。多少の時間を掛けて、自らの心身を使って反復練習をして得られるものです。

多少面倒でも、工夫が必要でも、時間を要しても、会得してしまえば、延々と練習する必要はありません。そして、近所に買い物に出かけたり、心地好い新緑や微風の中でのサイクリングを楽しむこともできます。

それと同様に、大道の真理も、その真理を活用する恩恵も、自己自身がある程度の努力を重ねてこそ得られるものです。それが道理です。

という意味と更に、具体的に自己の心身を用いて体得する方法意外には、大道の真理を得る方法は無いのが事実です。ですから、先ず自己に求める、という立場をはっきりと認識することが重要な第一歩になります。

後天気で形成されている身体を用いて先天炁功を修する、その事に由り先天と後天を繋ぐ真形を修得する事が可能になるわけです。

「必ず中に於いて誠すべし」の中と、大禹のいわゆる十六字の薪伝の中、「人心惟危、道心惟微、惟心惟誠、允執厥中」も同様の意味でしょう。

何事でも中心が安定してこそ全体が正常に作動するものです。何物にも重力的に中心となる点や線があり、それが設定時に意味を持ってきます。天地の場合は、その中心に位置する人が、私心や邪心を離れて公心や誠心を保つことによって、気候の順調なサイクルを発揮することができます。その様に、人には本来、天地の中心として全体を和す役割が有ります。

その事は又、「中和に由る位育《いいく》」と謂われます。簡単に言いますと、人の中和の気があって、天地の位育（化育《かいく》ではなくて位育）が成り立つのです。

天地は、人が居なくても色々な物を化し育することは可能ですけれど、人が中央の位置で全体の和に貢献しないと、全体的な繁栄を築き維持する事はできないと謂われています。それが人に最も期待される仕事です。

「炁中位育は理に於る。而して理が中《ちゅう》に於いて位すれば、方《まさ》に炁の化育を見《けん》するなり。是に物が生々するは皆、炁が理と與《とも》に化し、理が炁を寓する中にして其の生化の源を立するなり。（坐釈法言中—孚聖註）」とも説かれ、ここにも理の文字が出てきました。理が現実に発動され普化されるにも、この中心位の安定ということが重要になるという意味でしょう。

何故、天地は人を（自立した場合ですが）対等の立場で位育に参加させるのかと申しますと、天は炁功を担当し、地は気候を担当します。それらを纏める、その中間で炁功と気候を融和するのが人の担当と言えます。「天地は、万物の有形の主宰なり。人たるや、万物の無形の主宰なり。」とも説かれています（未集経髄四—四）。天地が主宰して有形の万物を生育します。そして真形を有する人は、有形の身体は天地に由り生育して頂くのですが、先天の無形の世界との接点「中」を執り仕切る役目を担います。

人の身体は小天地とか、小宇宙とも呼ばれます。逆に天地や宇宙の事を、大天地、大宇宙と呼んだりします。それは、天地と人身が同じ様な構造になっているからです。例えば水の循環を考えてみると分りやすいですね。そして、ここが重要な所ですが、人身の中央は小天地の中央の人位に相当しますね。ですから、炁気を融合するのに最適な場所であり、炁気変換の真の門を設定するにも好都合な位置になるわけです。

惟、地球人の現身は完全なサイクリングを行えないので、老廃物や不要な物を体内で完全リサイクルできずに体外に放出しています。けれども、肝心な点、即ち運営の「中心」が安定する事が重要である仕組みは同じです。

ここで言う中心とは、質量的な中心ではなくて運営上の中心です。

無論、指令を発する主枢は頭脳（丸宮、泥丸）ですね。それに対して、中丹のところ、心舎（心君の居場所）は輪運（サイクル）を実施する中枢に当たります。「中を執る」モードに設定するのは頭脳の意識感覚で、それは元々の固有の霊、元霊の神経が司る仕組みになっています。

その意思決定に由って中央の場所の炁気を安定させて身体を運営する、そういう構造になっているわけです。それ故に、真形（真霊形）の完成には、頭脳の意識活動の正常化が不可欠になります。ここで言います正常化とは、炁功が順調に発揮されるような状態にする、という意味です。

では何故、指令を発する所と実際に運営する所が別なのでしょうか？

それは、会社組織を考えてみると直ぐ解ります。一個人が製品を作って販売するような場合は、考える人も作る人も売る人も同一です。けれど、従業員を雇い会社組織になると、制作者と販売者が別業になってきます。大きい会社になれば為るほど、当然それらが細分化し大組織化してきます。

人の元々の発生当時は、炁が集凝して一個の霊の塊《かたまり》（元性・元霊体）ができて、元となる神経（その個体の元神《げんしん》）が発生して、その元性のビジョンに従い元神の意識感覚に従って一個固有の霊的性命体の誕生となります。それは固有の霊質を備えるもので、その特性は波形に顕われます。

その霊的な性命体がこの世界に生まれてくる場合は、元々のその霊体を基として、この後天世界に有る材料と言いますか要素、条件、特に父母の細胞やその他様々な栄養物等が揃って順々と形成され、そして人の子孫としての誕生に至ります。

最初に分裂を始める細胞は、一個から二個に、その二個の各々が二個にという具合に増殖が繰り返されて、不要な物は除去されてゆきます。人体の形態が完成すれば、変化の指令を出すのは脳です。けれど、心臓を中心とした循環系も重要な役割を受け持つことになります。更に他の各臓器や腑もそれぞれの使命を帯び、連携して身体を成長維持してゆきます。

元の霊は脳に相当する場所に存在します。太古の人が良知良能であったと謂われるのは、その元霊の炁が充実していて機能が発揮されていたためです。現在の地球人の場合は、良知良能が発揮されるのは生後間もない頃だけで、成長すると殆ど発揮されなくなると指摘する人も多いでしょう。

そこで問題なのは、人身の順調な運営に支障を来すものは何か、ということです。様々な環境条件や、肺呼吸に因る酸化、食品摂取に因る糖化等の時間的経過による身体機能の劣化も、無視はできないでしょうけれど、やはり決定的で深刻な問題は人の頭と心に関係する不適正でしょう。

万病の元とも謂われ、今や知らない人の無いほど有名なのが「ストレス」ですが、そのストレスに対する反応や生活習慣の適正、不適正もその個人の人心から発するものです。「人心が危ない」と、堯舜の頃から既に謂われていますが、その後改善されたとは思えません。そしてマクロ的な心である「道心」は有っても微であると謂われ続けている所以です。

念の為に申しますが、本書は幼児の頃のような、又太古の人々のような良知良能を目標にする事を提案しているのではありません。彼らの善良さ、無邪気さは模範とすべきですけれど、我々は更に、完成度の高い自立した真人を目指す方がベターであり、ベストであると筆者は思います。

それ故に、「二致無い道」、「二門無い理」を求める必要があるわけです。それを求めるなら「必ず中に於いて誠しなさい」と曰われます。最近特にその意味が現実的に身につまされるようになってきた感があります。

現代人が、とかく自己の外部に向かって真理を求め幸福を求め、周囲の人に対して誠意を求め支援を求めるのは何故でしょうか?

外に求めれば得られる、内に求めても得られないと思っているとすれば、それが善いか悪いか又は効果が有るか無いかを問う以前に、かの良知良能の時期から遠ざかっている現象である事は確かでしょう。

それは、現代人が自信を失ってしまっているから、という現実と大いに関係があると推察できます。そしてその、自信を失っている理由は、現実に炁の充実度、充凝度が不足している状態である為でしょう。それ故に、例えば特定の栄養素が不足すると食品にそれを求める場合と同様に身体的要求が発生して、外に炁を求める行動を起こさねば、と感じてきます。

非常に太古の時代は、今とは逆に、飲食物から栄養を摂取する事を知る者は少なく、直接的に炁を摂取するような生活だったそうです。その状況から現代のように変化していった原因は種々あるでしょうけれど、最大の原因は、生物達が自己と他の者を区別するようになった事でしょう。

人も亦、自分と他人、自分と他の動物植物、というように区別して考え、そこに自分の生存を最優先する為の利害感覚や防御意識が芽生え、他者を敵視したり、他者と競争したり、具体的に阻害したりという行動や反応が一度引き起こされると、次第にそれが増幅し日常化し複雑化してゆきます。

その連続的な歴史の中で、現在の災劫も顕われてきたと言えるでしょう。最初の「区別意識」こそが、元凶とも言えます。けれど実は、区別する事が善くないのではなく、区別を統制できない事が悲劇を生じる道理です。

その統制力は、炁凝の真霊と真神経の管理モードに由り得られます。

「中に於いて誠する」とは、自分の中心に対して誠意有る行動をする、という事で、誠意の有る行動とは、生命体としての自己に誠実であること、つまり自己の生存にとってプラス的なことをする、という意味です。

常識的に言えば、自分自身にとって善い事は、暴飲暴食のような不摂生をせず、適度な運動をしたり、或いは所謂ストレス解消のために、音楽を聴いたり、書画や園芸などの趣味を楽しむ時間を持つ、或いは精神的体験として座禅やヨーガをしたり、読書をする等という事も有効でしょう。

色々な誠意行動の中でも、自己固有の真霊の完成に向かって修養する事が自己にとって何よりの誠であることは、読者も既にお解りと思います。それは、一時的な利益ではない永遠の利益をもたらす筈です。

そして、何事を為す場合でも「自己の真霊に誠する」という明確な認識を持って行う事が重要になります。日常の家事や運動や散歩、趣味的な事でも、そういう意識を基に実行しますと格段に効果が上がるものです。

具体的に言いますと、胸の辺りに神経感覚を安定して心の居場所として、真霊の基を感じて、軽く集中します。軽くです。そして静かに寛ぎます。そこを心の居場所にして現実の身体のエネルギー運営をすれば、今までに消耗劣化してきた元々の霊体のパワーが回復してくるという順序です。

直接的に脳髄（元霊とそれに繋がる中枢神経系）を回復すれば都合が良さそうに思えますが、天↓地↓人の流れで物理的時間的変化が進みますから、元に戻そうとすると、サイクルを使うのが合理的で安全、有効になります。即ち、天地人の人位に相当する中央の場所を基にして、心系の任脈と腎系の督脈を連結したサイクルを作って気を周天させるのが得策です。

先程の会社運営の例で言いますと、いくら頭脳が冴えて次々と良い製品アイディアが閃いたとしても、それを実現するラインが貧弱で、販売する現物が出来なければ、製造販売会社としての存続繁栄は難しいでしょう。まして頭脳の能力も悪くなっていると、衰退の一途を辿ってしまいます。

逆に、実際の工場の生産ラインが活発に動いて良い製品を多く作り出すことができる状況になれば、当然会社全体が活性化してゆき、資産も増大してきますし、有能な人材も集めることが可能という好循環になります。

中央の真霊の基に意識の安定した場を作るという修功は非常に有効かつ唯一の霊的回復の方法であると言っても過言ではありません。色々な経歴の読者の為に更に詳しくお話しますと、その場所は中丹田と呼ばれる所、又はアナハタチャクラと呼ばれる部位と捉えても近いでしょう。けれど、本書にご紹介する気の使い方でトライされることをお奨めします。

道教では鼎鑪、丹房、黄庭とも称され、仏教では極楽国、浄土、禅関、儒教では赤心、耶教では天堂、回教では真主、真武教では玄関、玄境とも称され、「然《しか》る称《しょう》（名称、表現）は弗同《ふつどう》（同じでない）と雖《いえど》も、而《しか》して其《そ》の黙化潜移の功は則ち不同無きなり。（正経午集二十—十二）」と説かれます。

道院の経典では主として、玄関という言葉が使われます。神経を用いてアクセスする所のイメージとして誠に言い得て妙でしょう。そして、玄関に入ってから奥へ進むと、玄の又玄とも謂われる老黄という所になります。又、その辺りのエリアを黄庭と呼びますが、それも中央を意味する黄色の庭という適当な表現に感心致します。黙化潜移の功については、少し後で出てまいります。「窔《きょう》」という言葉を用い、玄関の窔とも曰われます。窔は、穴と交でできた文字で、経穴にも似ていますが、炁と気が交差する穴という真意があります。「きょう」の音は竅に通ずるためです。

ところで、経典引用の際に出典を明記しています。それは、詳細な研究を望まれる読者の為でもありますし又、筆者の独断ではない事の裏付けとして記しております。ですから、本書の方法の実践に当たって特に出典を記憶したり一々原本を参照する必要はありませんので、ご安心下さい。

尚、以後は便宜上、午二十—十一という具合に略させて頂きます。

意味が解りにくい箇所は、その一語一句に拘らずに流して最後まで通読され、又反復して読まれますと、あたかもパズルのピースが当てはまってゆくように次第に全体が整ってゆくと思います。道理の理解を深めるには、日常の事柄についても同様に、一つの方向に拘らず色々な方向から観て、実践は一歩一歩と丁寧に道程を積み重ねてゆく事が最も近道、早道です。

そのうち、段々と薄紙が剥がれてくるように解ってくる事もありますし、或いは低迷状態から機が熟して、柿の実が落ちるように突然解る事もあるでしょう。その面白さを是非、読者ご自身でご体感ください。

では本題に戻り、「中に於いて誠する者は、必ず外に於いて形しなさい」とはどういう意味でしょうか。

それは、中あっての外であり、外あっての中であるからです。

例えば、社会に貢献する人々が居て、その社会が良くなってゆきます。適当な環境があって個人が安心して暮らせます。安全で豊かな社会環境があって善良な会社組織や法人が繁栄できるというような道理です。

自己の身体に於いては、内において作るのは真形（真円形の霊）です。真形は真霊を蔵する器のようなもので、真霊は先ほどから話しております、炁気運営の主体となるものですね。それが十分に充実凝固することに由り、元々の自己の固有の霊体（元霊）が回復して、真霊と元霊が連携して全体を維持発展させてゆき、やがて後天の現身がこの世での機能を終える時には、それらが一体化した自己の霊として次のステップを開始できる訳です。

修養しないでこの世界に長く居ますと、時間（数）と共に霊体の質が劣化して、エネルギー量が減少し、固有の霊としての機能もパワーも無くなり、輪廻して変化できる内は未だ個体として生きてゆけますが、永遠に固有の性命体として輪廻できる訳ではなく、質量の劣化と減少が激しく、回復の機会が無ければ、最終的には材料に戻る運命が定まっています。

その事は個人的には、文字通り死活問題で、天佑神助も仏の慈悲も存在しないような印象ですけれど、貴方が若し宇宙の管理者であれば、全体の順調な運営の為に、やはりそうせざるを得ないでしょう。そういう意味で天地は我々を「藁狗《すうく》と為す」のです。自分で望むならそれも自由ですが、別の選択肢を知らずに藁狗にされては人として悲しいと筆者は感じます。

そこで、修養という道を選択して歩み始める場合は、先ず自己に誠して真霊の基を立てた上で、外に於いて形する、真形（真霊）のエネルギーを、周囲に具体的な形として表現展開する、という事が有意義になります。

それらは次の「内外……」という文に続いてゆきます。

内外功候　表裏相通　以水濟水　以火濟火

内外功候《ないがいこうこう》　表裏相通《ひょうりそうつう》　以水済水《いすいさいすい》　以火済火《いかさいか》

内外功候が表裏相通すれば、水を以て水を済し、火を以て火を済す。

内外功候とは、内功と外候のこと。簡単に言いますと、内功は自己の心を治めることで、外候はその心を基にして全身へ、又自己から周囲へと、内功の影響が及んでゆくことです。言い換えますと、内功は自己の真霊を完成させるための修功ですね。そして外候はその成果が周囲に波動の如く伝わってゆく状態を指します。

道院の経典では通常、「内外功候」という言葉よりも、「内外功行」という表現の方が度々登場します。「修養功候」という言葉も盛んに使われます。

ここで、「功候」と「功行」の違いを正確に把握しておきますと、後々の理解が容易になるでしょう。

「内外功候」の内功も「内外功行」の内功も共に、心を治める（真霊を養う）為の自己自身の修養を指します。候と行は異なります。「候」が状態、状況を謂うのに対して、「行」は文字通り行動、実行の意味です。

即ち、外候が外に対する影響、効果の状態を指すのに対して、外行は外に、特に周囲の人々に対する慈善行動を指します。功は働き、為す事を言い、候は客観的な状態を言います。

ですから、「功と候」は物理的な因果関係にあるのに対して、「功と行」は社会的な相関関係にある、とも言えるでしょう。

この経咒は「鎮心」がテーマですから、内功は其の基本となるものです。そして、その心が鎮まる場所が玄関黄庭の竅と、更にその奥であるわけですね。炁楽仙女の前書「生きる！意味と方法」の読者は既にその意味をご理解頂いていると思いますが、要は、「意識を身体の中央部に置くと、心が鎮まる」という物理的心理的実用性を味わって頂きたいと思います。

心を鎮め治めるという目標から言いますと、小宇宙である自己の身体に於いて、内功は身体の中心部、胸の辺りのエリア（玄関、黄庭）に静かに、穏やかに、ゆったりと気を安定させますと、良好な霊の基状態になります。

ですから、決して力《りき》むこと無く、その竅でエネルギー運営の霊基に炁が充凝してくるという候になってゆく感じを楽しむだけ、とも言えます。

このように、実際の修功は、高度な技術を要するものではありません。むしろ逆に、素朴な不器用な作業の方が適正で安全な修功になります。

その内功によって改善された気の影響は、次第に身体全体に及んでゆき、必ず功が候の変化として現れてゆく道理です。但し、先程保留しました、「黙化潜移」という道語に含まれる、必ずしも直ちに結果が現れてこない、という事実を予め弁えておきませんと、中々効果が出てこない候に対して、焦ったり不安になって、途中で放棄してしまう事態にもなりかねません。若しそうなれば、ご本人にとって大変惜しい勿体ない状況でしょう。

道理をしっかりと理解把握され、間違い無い順序で急がず丁寧に修功を進められれば、必ず善い結果が到来する筈です。それが大道の真理です。言い換えますと、修功が炁功の自然に従う限り安心でき信用もできます。信じるべきは大道と、そして自己固有の元神経でしょう。大道が無ければ何も始まりません。自己の元神を信じなければ何も始められません。

さて、功が先にあって結果としての候に到るわけですけれど、又その候に由って功も影響されます。各個人の体質や環境などの条件もありますが、適正な功を続けられた場合、それ以前と比べて気分が好くなったり、それまで不明だった問題が解けたり、身体の不調な箇所が楽になる等、良好な候が感じられてきます。そうなりますと修功が面白くなってきて功に弾みが付き、功候が共に促進されてゆくという好循環となります。

したがって、修養に於いては、内功と外候が互いに相《あい》まって進んでゆくことが順調な状態として望ましいわけで、内外は表裏一体と言えます。「表裏相通」とは、そのような内外の相互的な効果倍増、エネルギー増幅関係が設定されるという意味になるでしょう。

そして、功候と功行に共通する点も、内外両方が改善されて全体が良くなるということです。それ故に、多種の経典の随所に、「内外不偏」、即ち内にも外にも片寄らない事の重要性が説かれています。

ここまで、真形とか真霊という言葉を使って説明してまいりましたが、「真丹」という言い方もできます。真丹は、真霊状態になっている丹田のことで、真形の完成と、真丹の成就は捉え方の角度が異なるだけで同様と思って問題無いと思います。「真人成丹《しんじんじょうたん》」という道語《どうご》もあります。

又、玄関辺りにできる丹は、上丹、下丹との対比においては中丹ですが、身体全体を一エリアと視た場合、又は身体全体が大丹に成るという前提で、「内丹」とも呼ばれます。厳密に一点を特定せず、「玄関の辺り」に静かにふんわりと意識を置く事を、くれぐれもお忘れ無きよう願います。

経典中にも、「玄関は竅に非ず。環中に一息す。（午二十一七）」と説かれ、感覚的には柔かい光のボールの中で寛ぐような捉え方が宜しいでしょう。

鎮心の修養は必ず、内功が基本です。先ずある程度、自己のエネルギー運営の基を安定させませんと、全身の健康を回復、維持、増進することはできません。全身に順調に炁気が巡ってこそ理想的な健康状態が得られるからです。そして又社会的にも、先ず自己の心身を良好な状態にしてこそ、周囲に善い影響を及ぼすことが出来ます。譬えれば、海や河で溺れている人を救助するには、それなりの知識や装備が必要です。善意でと言っても急いで海に飛び込むような行為は愚行に属するでしょう。

勿論、理想的な状態は一朝一夕には完成できませんから、内功の修養を実行しながら、自然に好循環を招いてゆくことがコツでしょう。

実際には、自己の本心に誠実であるよう気を付けてさえいれば、大抵の事は好循環現象の波に乗ってゆくはずです。内功が順調に進んでくると、外に働きかけようと思わずとも、その成果は周囲に自然に及んできます。と言うよりも、良い結果が自然に及んでくることこそが適正です。

例えば、気難《むずか》しい人や短気な人が修功して心が安定し穏やかになってきますと、家族や友人、職場の同僚など周囲の人の態度も良い意味で変化してくるでしょう。そして、その友好的な雰囲気が更に周囲に向かって、次第に或いは急速に広がってゆくことでしょう。

通するのは功ではなくて候です。通しようと思ってできる事ではなく、適正な功を為す、しかも暫く継続的に実行する事により得られるものです。「道の通するや、不弍（一にして不二）に於いて通す。炁の通するや、不息（功をやめず）に於いて通す。神の通するや、不測（はからず）に於いて通す。霊の通するや、不偏（片寄らず）に於いて通す。（午十九―十三）」と説かれています。

したがって、「内外功候が表裏相通する」のは、「内外の功が相通の候となった状態」と言えます。即ち、内功と外行が相互に好循環する候になるという段階です。そうなりますと、功も候も楽しみになってきますね。

何事も、好循環現象の波ができれば、惟それに乗れば良いだけです。

修功と共に周囲に善い影響を及ぼしてゆけば、真丹未成であっても、人としての役割に近付きます。又、周囲の環境が改善されればされる程、自己の心身も楽になり、有益な活動も出来やすくなるでしょう。

と言いましても、必ずしも、世間に目立つ華々しい活動をすべきという意味ではありません。ひっそりと善い功行を積む事も、その個人の天命である場合は適正なことです。天命とは、大道の道理の中で認められている、各個体の自由に法って、自己自身が元々決めたビジョンです。

繰り返しますと、内外功候は先ず内功から外候、そして内外の相互作用で基の確立と環境の安定を促進してゆくわけです。

そして、その様に功と候が表裏相通状態になると、「水を以て水を済し、火を以て火を済することができる」と曰われます。

水も火も共に、我々の日常生活、と言うより生存にとって必要不可欠なものですが一方、時として災いとなって個人や集団の生存を脅かすこともあります。ですから我々にとって、水火が適当であるか否かは重大事です。

現実に、飲み物や浴槽のお湯の温度は適温の範囲内であることが必要で、熱すぎては火傷をしますし、冷たすぎても寒くなって不適でしょう。その調節方法として、冷た過ぎる水には熱を加え、熱が過ぎれば冷水を入れるという具合に、火を以て水を、水を以て火を済するのが通常だと思います。

そういう感覚で古来、焚き火の消火や火災の鎮火に水を使って来ました。易で謂う所の「鼎」の考え方も、水分を含む食品の入った容器を加熱する、その時に下から風を送るという構造で、器の中の食品を調理する象です。

易象を見ますと、上が☲離火で下が☴巽風で、そして䷱鼎の中に☱兌の微妙な機があり、☰乾の堅もあり、上の一を除くと☵坎水もあります。

つまり、水火相済という現象は、基本的に水を以て火を済するものです。

ところが、この鎮心経では「水を以て水を済し、火を以て火を済す」となっています。確かに、液体の浄化剤に由って水質改善するとか、爆発物を使って鎮火する方法も、水で水を、火で火をと言えるかもしれませんが、経典（経髄―天四―三）には、「水を以て火を済するは、水を以て水を済し、火を以て火を済するに若《し》かざるなり。」と説かれています。

天地間、又は人体内に於いて、水火のバランスを調える、という点では確かに、温度を適正に調節するという事は重要です。けれど、それよりも、自動的に調整されるようなシステムを完備する、例えば人体の自律神経の調整機能を十分に強化する、そういう対処方法がより有効と言えます。「水を以て水を」の済《さい》をされる方の水は、当然済される必要のある水で、身体を巡る血液、リンパ液とか排水機能に関わる腎系の液体とかですね。又この後天（天の時が発動して後という意味）の世界に渦巻く陰謀や策略の濁流、競争や情念の泥沼、という程でなくても、この世界に滞在する内に人は後天の物事に一喜一憂する習慣が身に付き、習遷した人心となります。

それに対して、済を為す方の水は「先天の水」即ち水に属する「先天の心」になります。それは我々が元々、固有の生命体として誕生した頃の本心、未だ日常の諸々の現象に煩わされていない純粋な清水のような心です。

「上善水《じょうぜん》の若し（老子道徳経）」と謂われる、善行を為し乍《なが》ら、それを気に掛けず、さらりと流れ去る水の様な心、これも亦この先天の心でしょう。

そういう清水の如き心であれば、自身の神経系統を自然に調え、世界の不適正な願望や過度の欲望の濁流を無為に救済することも可能でしょう。

道と一心になっている道心、全体の安寧を思う如き誠心も、本心の機能完成へ向かう心として有益です。それらは又、修養心にも繋がってきます。

「火を以て火を済する」というのは、具体的には「修養の火候」と呼ばれる功候です。その場合の済する方の火は、功の所で出てきました内功を実施する場所、玄関黄庭に於いて安息する心を指します。そこは、任脈に属し心臓にも繋がり、修養の心は後天修養のための火という意味になります。

それに由って先ず自己の済されるべき火を済し、そして周囲を済します。その、済されるべき火は即ち、後天の「塵火《じんか》」と呼ばれる、自身本体の生存にとって不適正な、目先の欲望の火や怒りや嫉妬、憎しみの炎などです。「客火《きゃっか》」という言葉もありますね。客火は、主ではなくて客の火、つまり本心の機能ではない感情や衝動で、必ずしも不適正と断定はしませんが、通常は魄惑《はくわく》と謂われ、物質的な誘惑に乗《じょう》ずる欲求や妄念などを指します。

魄は魂魄の魄で、道理では後天へ向かう神経作用の一種です。

それで身体的、後天的に水火が相済するとは即ち、心系と腎系が整う、東洋医学の奇経八脈の中の任脈と督脈の陰陽経脈の流れが一本に繫がり、身体の表裏と言える前と後ろを巡り運する気のサイクルができて、全身も調えられるという状態です。そのサイクルは通常、小周天と呼ばれます。

小周天に対して大周天もあるわけで、それについては後述致します。

表裏相通は又、炁と気、先天の世界と後天の世界も亦表裏と言えます。ですから、先天と後天の世界が通じ合う、形而上の道と形而下の器を繋ぐ真形が完成してその働きを開始する事が、真の表裏相通でしょう。けれど、それに向かうステップとしての任脈と督脈の相通は重要になります。

周易では水火既済《きさい》と呼ばれ、道院の経典では通常、水火相済と表現されますが、要するに陰陽バランスが基本的にとれるという事です。

実は水火相済も色々な段階があり、所謂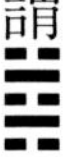が基本ですが、更に進んでのようになり、更に進むとのようなパターンになります。進むというのは、かの玄の又玄、黄老の微妙な次元のような深い状態に修功が進むという意味です。その場合、済を為す方の水として「真水《しんすい》」、済を為す火は「炁火」という事になります。

道の理論は精神論かと思えば、常にこのように唯物的で具体的です。

定是心志　如保赤子　前関通静　後竅自潜

定是心志《ていししんし》　如保赤子《にょほせきし》　前関通静《ぜんかんつうせい》　後竅自潜《ごきょうじせん》

是の心志を定し、赤子を保つ如《ごと》くなれば、前関は通静し、後竅は自潜す。

心を安定するという意味は「先天の清水のような心と後天の修養の為の心系の功候」を安定するという意味である、と既にお分かりと思います。

そこで、その実現に向けて、具体的な修功に取りかかる訳ですが、先ず最初に、必要最少限以上の理論的知識を得ることが重要でしょう。既に、真形、真霊を完成する意味や方法の概略をお話ししてきましたが、さらに本書を最後まで丁寧に通読されることが多分一番の早道になるでしょう。そのガイドの目的で説明している本なのですから。

そして、できるだけ簡単で、効果的で、かつ安全性の高い方法を、頭で理解された上で、急がず落ち着いて反復練習実践して、感覚的に納得して身体的に会得して習慣化してゆかれるのが最も賢明であると思います。

その為の第一歩となるのは「志を立てる」ということです。即ち目標の明確化です。例えば、目標となる聖賢を意識するのも効果的でしょう。

この世界で十分に成功している人々は、各々が何らかのきっかけに由り、その分野に精進されるのでしょうけれど、共通点は、ご自分が実現したいと感じて、進むべき「目標」をはっきり意識されたようです。そのように、志を立てますと、何事も目標が達成される可能性は高くなるでしょう。

所謂モチベーションという言葉とは感覚的に少々違うかもしれません。その事柄が、表面的な憧憬や一時的な興味ではなくて、本当に自分の本心や元々の元神の感覚に合しているか否か、ということが何より重要です。

太乙北極真経という、道院の基本的経典の最初の所にも「志堅心誠」が大事である由が示されています。志の堅があって心誠が保持されるのです。

志の文字の士は、漢字源によると、武士の士ではなくて、前に進む足の変形した象だそうです。志は心が目標に向かって進んでゆく姿を表現していると考えると妥当な気が致します。つまり、志は自分を無理に説得して鞭打つような努力感を以て設定するものではなくて、本来の自然な心から発し、それ故に習染し易い心を引っ張ってゆけるとも言えるでしょう。

そのような心と志が向かう目標は、前の文の「諸を己に求める」即ち、大道の真理を習得し具現するという方向ですね。その心と志の確定と共に、赤ちゃんのような純粋な気持ちを保つ、――表面的にはその通りです。

ただ、その奥で、道教で謂われる「胎息」という事が、単なる理想ではなく現実の状態として有意義になってまいります。道教の錬功等を学んでおられる方達は、胎息《たいそく》の重要性を先人から聞いておられるでしょう。

道院の坐息は、「息《そく》は呼吸に非《あら》ず（午八―三）」と曰われています。

謂わば呼気と吸気を同時に行うような呼吸が相当深い状態になった時、努力感無しにいつの間にか自然の究極の休息が訪れるということです。

真息を英語で言えば real-rest が適当であると筆者の指導霊は曰われます。

では、息する主体は何者でしょうか？　それは、自心です。息は、自己の心が最も自然で安定している、そういう状態が息候で、そのような練習や行為を行うのが息功、と記憶して頂ければ実用的で有益と思います。

胎息の功候も亦、リラックス、リラクセーションと関連しています。

ただ、既に現実の身体を持って生活している我々は、胎児の時の感覚を思い出すことはできても、胎児に成り切ることは出来ません。そして又、その必要も無いでしょう。修者にとっては、その感覚の会得が重要です。

「若明若昧の胎息（午二十三―十五）」とも曰われ、それは有為に得ようとして得られるものではありません。無為自然に得られるものです。その鍵となる事が、何度も出てくる「静」です。

ところで、「息《そく》」という文字は鎮心経には一字も有りません。その理由は、修養者にとって言うまでもない当然の基本である為か、この伝経の主旨が既に内功の重要性を前提として外候を以て全体を鎮化し災刼を弭化する事である為か、或いは又、詳細より実用を優先すべき状況である故に道理の精義に触れられていないのかもしれません。

けれど、大道の真理を理解するには、どうしても「息」について基礎的な知識を得る必要があります。そして又、同様に「虚《きょ》」という概念についても認識しておく事が是非とも必要不可欠です。という訳で、少々面倒な感があるかもしれませんが、お付き合い頂きたいと思います。

又、胎児や新生児の、最も学ぶべき長所は、良知良能という点でしょう。運動能力や実用的で有益な知恵、知識、技術などにおいては、大人《おとな》の方《ほう》が優れているでしょう。ですから、新生児のような純粋な気持ちや感覚と、成人の総合的な智恵知識や修得された適正で実用的な技術等を合わせ持つ事が、大道の中で生きる人の理想とも言えるでしょう。

そのように、自己の本心に基づく志を意識し、赤子のような無邪気さ、純粋さを保つという事を惟、観念的心情的に理想とするだけではなくて、その理想的心境を自己の身体の筊を用いて実現する功が重要になります。

その功を行う場所が、身体の前側、胸の辺りの竅ですね。「前関通静」の前関とは、その玄関の竅を指します。元々、玄関とか玄境という言葉は太乙救苦天尊《たいいつきゅうくてんそん》と呼ばれる救教の開祖の真武《しんぶ》という方の表現だそうです。意味的に解り易いようなので、本書では主に使わせて頂いております。

その玄関を拠り所として神経を安静にして心を寛がせるという功を特に「心坐《しんざ》」と謂います。修業《しゅぎょう》と言うより、心君が安居するという感じです。

心坐については、「行住坐臥《ぎょうじゅうざが》の間に、心が道より離れず、神が竅より離れざるに在り。（午五―十四）」と説かれています。そして、その続きの所に、息について「息は自《おのず》から妙に合し、霊は自《おのず》から其の凝を得る」と説かれています。心坐が習慣化されて、功候が微妙な状態に為ってくると「真坐」又「真息」と言え、真霊の凝に繋がるわけです。

竅は、そのように修功にとって重要ポイント又はエリアで、竅は経穴と言えますが、交の文字が示すように炁と気が交わる、即ち炁も気も同時に存在できる特殊な地点です。霊（炁の光）が集合する場所とも言えます。

人身の主要な竅は、玄関の他に尾閭《びりょ》、元頂《げんちょう》があります。そして玄関を前関と呼びますと、後関とも言える後竅は、尾閭を指すと特定されます。尾閭は、尾骶骨《びていこつ》の辺りで、督脈の起点と同じ所と謂われています。

したがって、赤子のような心境を保つ功に由り、「前関が通静する」候と「後竅は自《おのず》から潜《せん》する」候が自然に到来する、という意味になります。即ち、玄関に於いて心と神経が静息すれば、後竅の気は自動的に潜黙状態になるという事です。そのように二者は位置的に前後に対応しているのですが、それのみならず、水火相済の主要な場所でもあります。

玄関は二十八頁にも登場した膻中《だんちゅう》という経穴と密接に繋がっています。膻中は奇経八脈《きけいはちみゃく》の一つ任《にん》脈に属します。奇経八脈は、督《とく》脈、任脈、衝《しょう》脈、帯《たい》脈、陰蹻脈、陽蹻脈、陰維脈、陽維脈で、十二経脈の気を調節する役割と謂われています。奇経と呼ばれる所以は、河川に喩えられる十二経脈に対して、川に繋がってはいても入り江の如く、気を流してゆかない奇異な経脈であるからです。ですから、通常の状態では任脈と督脈も、連結してサイクルしていません。それをさせる修功が、道教や仙道の小周天の錬功になります。けれど、道院の玄関奥竅の妙法では、その小周天を練習するのではなく、その両脈の基となる中央の心虚、真霊を修します。そして、その修功では、決して周天の気を有為にサイクルさせない事が最重要点になります。中央の玄関黄庭に心神を安定させれば、得ようとせずとも任督のサイクルが起こります。但し、その時「塞兌《さいだ》」されている事が必要です。

塞兌とは、上の門歯の付け根に舌を接合する事で、それに由って任脈と督脈の流れる線を繋ぐことができます。その場合、力をいれて密着させるのではなく、柔らかく舌を休ませるように置くのが良いでしょう。

その状態で心坐や真坐をしますと、自然に気運がコントロールされて、身体の前側の任脈と背後側の督脈を気が順調にサイクルできるわけです。そのようにして任督両脈が相通するという課程は、修養に不可欠な基礎的な段階で、水火相済の基本的な状況であると謂われています。

そうして膻中を通過する気の状態は、あたかも春景の如しと曰われます。それに対して、督脈の起点に当たる尾閭は、四季で言えば冬至に相当して、そこから陽気が回復してゆく（一陽来復《いちようらいふく》・易では䷗地雷復《ちらいふく》と呼ばれます）、気候のターンする場所です。厳密に言いますと、東洋医学書では、督脈の起点は会陰《えいん》とされていますが、上昇する真気《しんき》の起点が尾閭になります。

玄関と尾閭の関係を気の周天から観ますと、玄関の場所は春に近いです。けれど玄関の奥は中央、即ち春夏秋冬の変化に左右されない「中真」にあります。中央の色である黄に係わる人体の場所は脾胃で、そこが健康を左右する消化器系の基としての要所ですが、気の調和に関しては玄関奥が中心になります。玄関の辺りのエリアが黄庭と呼ばれる所以です。

それ故に、玄関を修功の入り口として気を静止して、そのエリア（黄庭）を真霊完成予定地として、エネルギー充凝するわけです。そしてそこから更に、玄関の奥に意識を深めてゆく、と言うより、自然に意識が深まってゆくのが順調な修養の過程となります。黄庭より次元的奥の謂わばミクロの世界に、先天の世界の奥玄関、玄の又玄《ゆうげん》とも呼ばれ、黄老とも呼ばれる真竅がありま す。そこを静かに尋ねる事が、最も重要な功となります。

「守竅《しゅきょう》」という道語があります。鎮心経には出てきませんが、心坐の修功、「心は道を離れず、神は竅を離れず」が守竅の基本と謂われています。

特定の竅（主に玄関）に意識を置く状態を持続する功です。経典には、「守竅の理は凝神に在り。守竅の物は運霊に在り。守竅の息は平黙に在り。守竅の観は静止に在り。（午十七—四）」と説明されています。

その守竅心坐の平静の功が、身体に存在する全ての炁気の通路や要所、経絡などに遍く通する「通静」の候は、当然更にプロセス的、時期的に後になるでしょう。各人の条件が異なりますので、断言はできませんけれど、全身に「静気」が通じる以前に、身体の前側の関所に当たる玄関において、静気が十分に鎮まり、それに由って身体の後《うし》ろ側の尾閭が十分に静まり、あたかも深淵の水底に潜む如くになるのが共通する安全な順序です。

周易《しゅうえき》の乾為天《けんいてん》の初九《しょきゅう》、䷀の一番下の陽爻《こう》ですね、その説明として、「潜竜《せんりょう》用うる勿《なか》れ」と謂われます。龍は霊力の優れた動物の代表的な者とされています。その龍でも未だ幼い時は力が十分でないので、じっと水底に潜み力を蓄える必要がある、というような意味です。

そのように、自身の竅に於いて炁気が十分に充凝するまでの間、大志や大願があっても静かに息を潜めて、しかも無理に力を加えずにリラックスする、ということが大事です。「赤子の如くなれば、後竅は自《おのず》から潜す」と曰われる所以でしょう。竅の場所を繰り返しますと、守竅に用いる竅は、玄関が基本で、候として潜伏する竅は尾閭になるわけです。

そして又、必ずしも力を蓄える必要がある場合にのみ、用いる勿れ状態を保つだけでなく、十分な霊凝状態であっても「用いようとする勿れ」という意味も有ります。その理由は、操作的な意識を為さないという事で、「勿用《ふつよう》なれば、用せざる所無きなり。（経髄天一—五）」とも説かれます。無為自然の功候です。その事が修養において、いかなる時期でも段階でも安全性、確実性にとって大事になります。

その尾閭（尾てい骨の辺り）の竅は、クンダリニーが上昇すると謂われる、ムラダーラチャクラと呼ばれる場所とほぼ同じ場所です。

静かに、楽にしている玄関の守功にのみ留意していますと、自然に炁気のエネルギーが黄庭にも溜まります。そこから上丹の方向へ上昇する波粒もありますが、又体内のS字ラインを通って尾閭にも溜まってゆきます。そのS字ラインとは、喉先の上鵲橋と肛門辺りの下鵲橋を繋ぐラインで、一部の修者には身体の中心軸とも呼ばれています。

そして、尾閭に一定量のエネルギーが蓄えられると、やがて脊髄を上昇して頭部の泥丸と呼ばれる場所に注ぎ込まれます。泥丸は元々の自己の霊、元霊が鎮座する所で、下丹に対して上丹、気海に対して炁海とも呼ばれています。そこへ尾閭から上昇するのは、炁でもなく気でもない「真炁の水」と呼ばれるエネルギーです。特に、クンダリニー・ヨーガ等の修行者は、「有為に」気を上昇させる様な意識にご注意下さい。エネルギーが暴走して危険ですから。そういう修法を選んで実践している方達は概して特殊能力の修得を目指している場合が多いので、尚更「丹を焼く」というリスクが大きくなるでしょう。その意味は、矜躁偏急の念が絡んでくるからです。矜躁偏急《きょうそうへんきゅう》の詳細は前著をご参照下さい。そして又、そのクンダリニー・シャクティと呼ばれる上昇エネルギーは熱性の強烈なものだそうですが、真炁の水はパワフルであっても清涼なものです。

その真水が尾閭から督脈を逆流上昇し、泥丸に注入されるということが、玄関奥竅を用いる修功の特徴であり、目標となる過程でもあります。逆流するという意味は、春夏秋冬の順序に反して、春景をもつ玄関から冬至に当たる尾閭、さらに夏景の泥丸へと季節を逆行するという意味です。

つまり真炁の水の出来る竅は尾閭ではなく、中央の心君の居場所、即ち玄関黄庭、中丹田の場所、アナハタチャクラの位置とも同様ですけれど、その同じ場所の更に微渺な奥境にあるとしか表現できない「真竅」です。「真竅は何に自《よ》る、——惟息《そく》し是《ここ》（とりあえずは玄関）に依《よ》る。無色《むしき》（色を意識すること無《な》し）に於いて依れば、道旨は乃ち帰す。無声《むしょう》（声を意識すること無し）に乎いて依れば、道諦は無違《むい》（違《たが》うこと無し）。（午八—二）」とも説かれています。真竅は玄関の奥なので、玄関奥竅とも曰われます。

奥竅の意味をもう少し考察しましょう。ある家に訪問者が着きますと、先ず玄関がありますね。そこを上がって奥に進んで居間に到ります。その居間に到るのが目的で、深い会話をしたり重要な物品を受け渡しするには玄関先ではダメです。そのような所が玄の又玄の真竅です。それは決して観念論ではなく、同一場所を肉眼で見るのと顕微鏡で観るのでは、景観が全く違いますね。電子顕微鏡で観ると更に又別次元的に見えるでしょう。

要は、胸の所で静かに気を鎮めていると、その事は取りも直さず、水に属する先天の心を養っているのと同様になるわけで、その事をシステム的に言うならば炁気が交差する、エネルギー的に言うならば純精が凝じる、又経緯的に言うならば真炁の水が発生する、ということになります。

ともかく、一連のプロセスは、故意に操作することは絶対に善くなくて、無為自然に成るように、その炁の働きである炁功を、人心の急ぎ、焦り、驕りや不適正な癖によって妨げないようにする、その努力のみが必要です。

ですから、自然に成る習慣が身に付くまでは、自然に成るよう強制する事も必要という道理で、真経奥義という経典にもその由が説かれています。「陰陽が潜伏し、乾坤が剖判するは皆、霊炁が自然に孕し化するに由る。（午六―一）」とも説かれ、又、同じ節籙の続きには、「無為にして形を成し、期せずして質を成す」とも曰われます。

「潜するとは、其の至陽を潜する者なり。黙するとは、其の至虚を黙する者なり。（経髄天三―三）」というお言葉もあります。具体的な修功として陽を潜するには、善悪に関係無く陽気と言えるアクティブな気を押さえて守竅する事です。黙するとは、主に左脳で言葉や数字を使ってあれこれと考えない、黙るという事になります。

黙化之功　帰源自然　入水不溺　入火不焚

黙化之功《もっかしこう》　帰源自然《きげんしぜん》　入水不溺《にゅうすいふでき》　入火不焚《にゅうかふふん》

黙化の功が、自然に帰源すれば、入水して溺《おぼ》れず、入火して焚《や》かれず。

そのように、自身の玄関の竅を用いて「静」の練習を続けてゆきますと、次第にエネルギーが充実してきて、やがて機が熟して、潜黙の功候から、変化に転じます。その現象を「潜移黙転」とも謂います。潜移黙転の要点は、あくまでも静かに丁寧に状況の変化を感覚する、それだけです。その場合の転じるとは、真霊の完成に向かう次の段階になるという意味です。

黙《もく》という文字は、訓読みでは黙《だま》ると読みますが、黒い犬が黙々と主人に寄り添い従ってゆくイメージから表現されています。そのように、自分の我を出さずに従う姿です。修養で謂われる黙は、主として言葉を考えない、つまり左脳を使わない意味ととると実用的でしょう。

「吾の主《しゅ》を定するには、先に吾の心を静すべし。吾の心を静するには、先に吾の神《しん》を黙すべし。是《こ》の神が黙せずば、其の心は必ず静せず。其の主は必ず定せず。（午十三―六）」と説かれています。

吾の主とは、本来の元神と天心に由る心君です。それらを安定するには、先に吾の心を静すべし。静すべき心とは勿論、後天習遷した人心ですね。そして、そのために是の神、即ち適正な竅において守竅の修功をする神経を黙すべし、と曰われます。黙は又、静と連携して黙静と謂われます。「空中の色《しき》は、黙を以て之を識《し》る。虚中の実《じつ》は、黙を以て之を知る。無中の有は、黙を以て之を見る。玄中の形は、黙を以て之を察す。静中の声は、黙を以て之を聞く。（午十一―十三）」と黙について説かれています。

黙には又、後天の識慮が黙するという他に、功候が静黙する、潜黙するというように、外から観てシーンと静まり返る状態も含まれます。

空や色、虚実については後で詳しく出てきます。ここでは黙の重要性を記憶に止めておいて頂くために、注意すべき事をお話しいたしましょう。

真水が発生する場所は玄関の奥で、それが貯蔵される場所は尾閭の辺りであると申しました。実際の功として、静かな気を感じて寛ぐべき場所は、先ず玄関の竅です。他には、頭頂の囟門《しんもん》とか元頂《げんちょう》と呼ばれる竅のみが、単独で意識を置いても安全性の高い場所です。元頂は、百会《びゃくえ》と呼ばれる経穴の少し前（顔の側）で、新生児の頃にぴくぴくと動く「ひよめき」という頭蓋骨の接合部のことです。そこは、修養においても非常に重要な竅です。

安全な理由は、玄関に於いて黙静し心坐していると、元頂から先天炁が身体に入ってくるからです。それは自然に入ってくるわけですから、元頂を意識して導入することは不要です。又、有為に導入することは不可です。けれど、静かな自然な気持で元頂に意識を置く事は何ら問題ありません。

元頂と玄関の二カ所を同時に意識することも問題ありません。そして又、玄関と尾閭を同時に感じることも構いません。元頂と尾閭の二カ所の感覚でも可です。元頂と玄関と尾閭の三カ所を同時に感じることも適正ですが、尾閭だけに単独で長時間、意識を集中することは絶対に避けて下さい。

嘗て達磨大師も、その修行方法で危険な状態になられたそうです。その理由は、熱性の気が蓄積されて、竅を傷めるからです。それこそ、「火に焚かれる」事例の代表的な事態とさえ言えます。

意識を置くという功は、当然その場所に気が集まる候を招きます。それを熱心に行うと、熱気が溜まるわけです。それをクンダリニーの覚醒などと思って更に頑張る、或いは得意になるような愚は実に危険です。

それ故に、禅宗の開祖達磨大師は、道院では達磨佛とお呼びしますが、彼は後世の修行者の為に誠意を持ってわざわざフーチの壇に降りられて、ご自身の失敗を披瀝され、注意を呼びかけられた事があります。

ともかく、「玄関の奥が静かな心の拠り所である」と記憶して下さい。名称は「黄老」とも「老黄」、「玄牝」とも「玄の又玄」とも呼ばれています。現実には、黄庭のエリアを感覚するのが楽な功ですが、それが奥深い所に続いているという認識で微妙な気を感じて頂ければ宜しいと思います。

そこに静かな気を息《そく》する功を、ある程度以上の期間続けることに由って、やがて機が熟し、潜黙状態のエネルギーが化する候となります。その候は、自然の炁功に帰源するのです。つまり、習慣化された自動的錬功が自然に継続されるようになり、努力感も無く炁功を実行する事が可能なわけです。ですから、「自然に帰源する」とは、炁功に帰すという意味になります。

そして、そうなりますと「水に溺れず、火に焼かれない」候となります。もうお解りですね。水に溺れず、火に焼かれないとは、漫画やSF小説のスーパーマンのような不死身になるという意味ではありません。

仏陀クラスの大真人でさえも、この世界においては現身が疲労されたり、時には怪我される事もあるものです。ただ、彼らの場合は不注意のため、或いは悪因の結果として水に溺れる、火に焼かれるというような事はあり得ません。けれど、薬王菩薩が傷ついた身体を回復された説話のように、修養に由り本身が不死身になるという事は確実に有り得るでしょう。

具体的には「溺れず焚かれず」とは、身体内に於いてのコントロールと言いますか、水火の管理が自然に適正にできるという意味が主でしょう。その事に由り、真霊が充凝して真の「溺れず焚かれず」に成れるはずです。

昔、北斗七星の主宰である天枢老母という方が、老祖様のアドバイスを受けて、その指導下の住民数十万衆に真詮を授けたというエピソードが、経典（北極真経卯―二その他）の中で紹介されています。

因みに、老母という名称にお婆さんの意味はなく、老祖様の老と同様に、深遠な智恵に対する尊敬を表わします。母は西王母と同様に親しみの表現でしょう。天枢老母も実際は美しい容姿の高レベル仙女です。（念の為）

その当時、住民達は未だ元々の発生時期から時間的劣化があまり進んでいなくて、身体的にも性格的にも非常に良好という状況でした。けれど、修養するという知識も乏しく、ただ善良な衆生として、和気藹々と平穏に暮らしておられたようです。良知良能の無邪気な状態だったわけです。

それは好い状況ではあるのですが、そのまま時間が経過してゆくならば、次第に元々のエネルギーを消耗してゆき、補充する方法を知らないので、良知良能も失われ、頭も悪く性質も悪くなってゆくに違いない、と住民の将来を案じた天枢老母が、老祖様に相談されたという経緯と推察できます。

その時の質問は、草木の形と性と命を例に、春夏秋冬のシステムを問う表現になっていますが、その主旨は、春夏秋冬のサイクルに巻き込まれず、自己の形と性と命を保つためにはどうすれば善いでしょうか？真の形とは如何なるものか、それをどのように民衆に伝え指導すれば良いでしょうか、という内容だったと筆者は解釈しております。それに対して、
「汝《なんじ》のところの民衆は、黒潭《こくたん》に溺れ、絳宮《こうきゅう》に枯れる状態になっている。」
というような意味のお言葉があったそうです。

黒潭とは東洋医学で謂われる腎系の、特に腎臓を指し、絳宮は心系の、特に心臓を指します。その後天水火が連携せずに作動することが、生命体の存続にとっての劣化衰退の問題を引き起こすというご指摘です。

黒潭と絳宮に関しては、「先天の炁を秉すれば絳宮に入らず、先天の源を秉すれば黒潭に入らず。（午二—十三）」とも説かれます。又、孚聖の著には「男は真汞を知らず、女は真鉛を知らず」、「男修は先に白虎を降し（化精）、女修は先に赤龍を斬つ（絶経）。末後の功は夫《そ》れ男女皆同じ。男修は真汞を知り、……女修は真鉛を知る。（太乙金華宗旨）」とも説かれ、炁が中虚に集まれば、炁気が子孫を残すためのエネルギーに消費されず、水火の基である真霊と、元霊に係わる脳髄の元充回復に使用されるという意味です。

そして、天枢老母の質問に対するアドバイスの続きですが、「草木は人と同様の真霊形は元々有していないが、素朴な元霊形を保って伝承している。それに対して人は、発生から時間が経過する内に本来の、未発達とは言え純粋な、幼少とは言え円満な霊形を亡くしてしまっている。それを回復し更に大円霊に自ら養育する方法が奥竅玄関の坐である。」というような意味の真詮を、文字通り親身になって伝授されたのでした。

老祖様の御立場については、我々の祖先の祖先、ルーツの御方である、と筆者は確信しております。もしそうでなければ、大道の真理について、隠さず誤魔化さず明確に、あらゆる角度から、マクロ的にもミクロ的にも自由自在に御教示されることなど不可能でしょう。

ですから、全ての宗教の開祖達も、老祖様を「師」と仰いでおられます。彼らの理論的な疑問や現実的な苦悩に対しても、明瞭で温かいアドバイスを賜ることができる故に、全員にとって本当に頼りになる大親なのです。

そこで、水火の済に関する御回答のお話に戻りますが、簡単に言えば、「各自の身体の中心の竅を用いて、自然にコントロールしなさい」という、当《まさ》にそれだけのシンプルな結論です。そして「奥交《きょう》（竅）玄関の門」には、「佛言の霊台、道言の祖土、儒言の虚中は皆是れ」と注釈されています。

それを伺った天枢老母は喜び勇んで戻って民衆に伝えました。すると、皆が直ぐに納得し、即それを実行しました。そして各々の天命を認識することが出来、心から老祖様に感謝を表現するために一斉に九叩《こう》のお辞儀をしたとの事です。未だ習染の進んでいない状況の人々であったればこその目出度いエピソードとも言えましょう。けれど、他人事ではありません。

我々現代の地球人も、中央に由る自動的なコントロールさえできれば、身体の春夏秋冬は、「常に生じ、常に栄え、常に収し、常に蔵する（真経卯—二）」と曰われる状態が日常の当然になり得るでしょう。

常に、という事は一瞬一瞬にという意味で、温熱が過ぎることも無く、寒冷が過ぎることも無いように温度管理が為され、又常に、播種と養育、収穫と貯蔵が同時進行で実施される、そのような状態が可能になります。

今までの常識では、春夏秋冬のサイクルの波に従って一日、一年、一生を生きるという生き方が、善い生き方として提案されてきたと思います。それは善良な考え方でしょう。けれど、それが「真に自立した人の生き方」でない事は確かです。人以外の動物植物たちの生き方と同様です。

時間の波に乗って生きていますと、時間の経過、即ち数の展開に従い、必ず現実の形の変化、消滅に対して受動的に従わねばなりません。

ですから、そのサイクルの波の上手な乗り方とか、どのような気持ちで波に乗れば幸福感を得られ易いか、というような問題に終始する事になるでしょう。その問題は既成の宗教や街の各種書物、カウンセラー先生方にお任せ致します。本書で提案したいのは惟、そのサイクルを主宰する中枢の立場に立つ「真人」の生き方です。そして、それに向かう具体的で簡易な方法や注意点、コツ等です。

逍遙の天、極楽の世とも謂われる理想郷が決して空想の世界ではなく、日常に組み入れられる簡単かつ安全な方法の実行によって向こうから到来する、特別の設備や道具も要らない、――筆者自身は、この真理と方法に出会った幸運に対して今更ながらに感謝の念が湧いてまいります。

この世界の各種濁流に溺れる危険もなく、業火に焼かれる心配もなく、水火が自然に自動的にコントロールできれば、生存は非常に楽になります。体調も整えられ、快適なコンディションで暮らせます。性質は善良になり余裕で周囲に貢献もでき、頭脳の機能も冴えわたって名案が幾らでも湧き出てきます。そのような好循環の波を自分で自然に作り出せるわけです。

そうなりますと、自分の本当にしたい事、元々から望んでいる事に安心して専念することもできます。それが本来の人の生き方である筈です。

人は本来、天地人三才《さんさい》の中心として、宇宙（その固有の身体から発して、その所属する地域、国、星、天体の系列、所属する銀河、その銀河の所属する集合……小宇宙から大宇宙）の運営に参賛し、その繁栄に寄与するという、老祖様の子孫としての重要な役割の一つを受け持つ光栄な「可能性」を具備していると謂われます。けれどそれはあくまで可能性です。その実現には、自己自身が学習し実践して本来の心を輝かせることが不可欠です。

心と言っても、種々の心があります。ここで、人心の汚染状況について追求しても有意義ではないでしょう。先ず、本来の心の在り方を確認し、それに向かう、或いは関連する実益のある道心、誠心、公心、修養心等と呼ばれる心の在り方について認識を深めるのが賢明でしょう。

「先天の心は太虚に在り。後天の心は太極を立す。修養の心は静虚に在り。……自然が心を為せば、如々不動。（経髄天一―三―四）」と曰われます。

先天の心は天心とも呼ばれ、後天世界に誕生する前の心という意味です。それが太虚に在るとは、単純に言えば何物にも拘らない虚心です。それに対して後天の心は、太極を立し水火管理する事が基本的在り方と曰われ、修養の心はその太極を確立する事が基本的目標で、その心を会得するのは、「静虚に在り」即ち心坐、静坐に在ると曰われます。

大哉心霊　惟神是守　大哉乎神　惟化一炁

大哉心霊《たいさいしんれい》　惟神是守《ゆいしんししゅ》　大哉乎神《たいさいこしん》　惟化一炁《ゆいかいっき》

大《だい》なるかな心霊は、惟神《ただしん》が是《ここ》に守す。大なるかな神《しん》は、惟一炁《いっき》を化す。

心霊という言葉は道院の経典中に見当たりません。心坐してみますと、「心坐している状態の霊」を指す、と思い至りました。心坐はこのように大道の真理と繋がって回答を頂きたい時にも有効であると実感致します。真霊又は其の基となる身体の竅に於いて安息している状態に於いて、心は当に心君としての自己管理機能が自然に発揮されることになります。

それは実に、大なるかな、――素晴らしいと言うべきです。

この場合の大は、質量的に大きい、或いは大人《たいじん》という様に完成度が高い意味も有るでしょうが、神聖な働きができる状態というニュアンスです。「性《しょう》が定すれば大なり。（真経卯―二）」の注釈に、「大とは神聖の義なり」と記されています。性は物理的には炁が凝固した状態を指し、「炁の体」と説かれています（道邃正経真華―性邃）。この場合の体とは、体と用の体で、その自己固有の本体というような意味です。

各自の固有の性は、心の修養に由り安定するものです。性という文字が心と生で表現されているように、性は心により生じます。又逆に性の安定に由り心が安定するという相互関係にあります。中心黄庭の心を修養して頭脳の所の元性を回復安定させるという功が有効である所以です。

物理的経緯としては、時間的先に炁が十分に充凝して、その後に真霊の形態が完成し、心霊が安定して性に十分なエネルギー充凝ができ、天命が立基し、中心の心霊がその性と命を丁度陰陽水火の相済の如く運営する、というのが心と性と命の運営システム（午十五―三）です。この心性命は、後天修養の三宝と呼ばれます。経典の随所に「紅玄相済の霊」という名称で登場するのが、この心霊でしょう。水火相済を炁霊に由り行う意味です。

その真霊の大、神聖さは惟、心坐真坐の微妙な神経感覚に由って保たれます。炁が充凝する功は勿論、炁功の自然に由りますけれど、後天身体を用いる修養における炁功の発動は、自己の神経感覚を仮りて行われます。それ故に、微妙な感覚を磨く為の静黙の練習が修功の基本になります。

ここで、「先天と後天」、「先天炁と後天気」という道理の基本について確認しておいて頂きたいと思います。それによって全ての道理が、貴方様個人の快適な生存、それを実現する為の修養に繋がってまいります。

炁と気については、既にご存知のように、炁は全ての元々の材料ですね。そして気は、少し乱暴な言い方をすれば、原材料を具体的な世界に於いて形成し展開するためのブロックといいますかピースのようなものです。

又別の表現で、炁は目に見えない耳に聞こえない原因の世界のもので、気は目に見え耳に聞こえ手に触れる世界を造っているものとも言えます。

大道の理論では、そのような炁の世界を先天と謂い、気の世界を後天と謂います。形上が先天で、形下が後天とも言えるでしょう。

その先天と後天の中間の世界を修得することに由って、炁も気も、即ち先天も後天もコントロールできる、自立した生命体に成れるという真理、——その理論と具体的な方法を伝授する事が、老祖様の伝経の主旨であり、それこそが我々に与えられた最高の糧である、と先ず認識できるか否かで、読者各位の将来の運命が本当に変わってくるでしょう。

皆様が素晴らしい世界の入り口に縁じ来られたことは、誠にめでたい事ですけれど、結果を急いで早合点などされませんように、慎重に丁寧に、真実の基礎知識を把握して頂きたいと思います。そして、その上で実際にご自身で一歩一歩足を進めてゆかれてこそ、大道の最高の恩恵が安全に、十分に得られるものです。

そこで、「先天炁」と「後天気」に関連して把握すべき事柄としまして、「先天三宝」と「後天三宝」という分類が有ります。

通常は、先天三宝と謂われるのは「炁と霊と性」の三種で、後天三宝は「気と神と精」です。順番は「精気神」のように前後しても構いません。

若《も》し炁と気が存在しなければ、我々の身体も存在し得無いわけですから、当に大切な宝物の代表として、炁は先天三宝の内の一つ、気は後天三宝の一つに入っています。その事には何方《どなた》も異論はありませんでしょう。

そして、その炁と気が活性化している状態と言いましょうか、炁気を物の元々なる粒とすれば、波に相当する状態が霊と神です。即ち、炁の波が霊で、気の波が神です。経典（道遼正経真華）には「霊は炁の光なり。神は気の光なり。」と説かれます。光というのは、物理的な波動状態を指しています。そして、光には移動性、方向性が有りますね。

又、炁が集合して元形を有する程に凝固しますと、未だ先天の内ですが、一定の性質を帯びます。又逆に、この大道の中で、その性命体が誕生する使命が先に有って炁を凝固することに由り一定の性質の個体の基とする事も有り得ます。その特性を活用するのが奥竅の修養でもあるわけですが、それも含め、炁の凝固状態が「性」と呼ばれます。

気の場合は、凝固状態になりますと一定の後天的なパワーを持ちます。又は、気のパワーを充実する必要の故に気を集合させることも有ります。そのような気の集合状態は「精」と呼ばれます。これらは、決して筆者の推測や創作ではなくて、太乙道邃正経真華に説かれている内容です。

元々一個の生命体が誕生する際には、それに先立ち即ち先天に於いて、炁が凝集し且つ活性化しなければ、生命体の基が発生できません。

逆に、そういう状態を再現する事ができれば、生命体の基を発生させ、自己の真霊を新たに造り、元霊体のエネルギーを回復することが可能です。その手順として、炁気の交流が可能な身体中央の竅を用いて、新生命発生初期に類似した状態をセッティングする、それが奥竅の修の主旨です。

ところで、「通常の」先天三宝、後天三宝という言い方の理由は、三宝の捉え方が決定的固定的でないからです。自分にとって大事な宝は人により状況により異なり、自分や家族の命であったり特定の物であったりします。

それと同様に、修養者にとって先天三宝は炁霊性、後天三宝は気神精というのが通常ですが、ある程度修養が進んできますと「炁霊神」が先天三宝となり「心性命」が後天三宝となります。精気神は大事ですが、それを統括するシステムの方が自己にとって更に宝であるという事でしょう。

又、一炁胞を立する功候（詳細は後述します）では「一炁が統する三宝は、霊神魂を曰う」とも説かれます（午二十二—十三）。魂とは魂魄の魂ですが、陽の神経に属する光の一種で、炁体である性に於り賦されます。

ですから、性が清寧の状態ならば魂も亦清し、魂清《こんせい》の真中《しんちゅう》が安定するという経緯になります（午二十二—九）。

魂清とは、下丹田に集まった気の中で炁に近い微細な粒の純粋なもので、軽いので上昇して、中丹田の所（炁も気も溜まることができる場）で真霊の基となる真中というミニ炁胞を立基します。純粋な魂は真丹の原材料であるとも言えます。又更に上丹の炁海の方へ上昇する粒も有り、それらは元霊の回復に使われます。このように大事なものなので宝と謂われます。

そして、更に深い修養状態に達すると、先天と後天の中間の三宝だけを大事にしていれば善いようになります。先天炁も後天気も周囲に幾らでも存在する材料なので、重要ではあっても、常に意識する必要は無くなり、それ故に三宝と謂うべき物も亦、別になります。

その三宝の一つは心です。やはり心は恒に宝です。後の二つは先天世界の門と後天世界の門になります（未集経髄天集三—三）。自己の心霊と炁気の出入り口をのみ管理すれば、他の物事には全然心配不要というわけです。

無論その段階に到るには、通常ならば久遠の時間が必要になるでしょう。けれど、本書を丁寧に読み込んで理解されれば、その真の三宝も含めて、大道の真理に繋がる理と方法を必ずや把握されるでしょう。筆者も言葉を選び、表現を工夫しているつもりですが、言葉も名前も仮のものです。

道も炁も元々無名の存在です。個々の物や現象の名前は、便宜上の仮定のものです。それらの奥にある真の意味や理由や経緯等を、実践を通じてしっかり体感されることが、本当に真の人に成る為には重要になります。と申しましても、言葉はどうでも良いという訳ではなく、やはり疎《おろそ》かにはできません。特に、最高の叡知の結晶とも言うべき漢字という文字と最適の感覚表現ツールとしての日本語を駆使して何とか伝達可能となる、この経典は、筆者も読者も一字一句に留意して伝達作業をしたいものです。

中でも特に、「一炁《いっき》」という言葉は、独特の状態を表わすもので、注意を要します。単に「炁」という場合と「一炁」という場合の違いは、炁は元々の最小材料のことですが、一炁と言いますと、特に元々の炁である事が強調されます。又、特定の一個の炁霊状態を指し、主に一個の「炁胞《きほう》」、つまり炁の集合体という意味になります。大きいものでは、宇宙も一個の大炁胞です。それが原形を有する状態を「一炁囫圇《いっきこつりん》」とも謂います。

囫圇とは元々の個体の基となる形態です。囫圇は炁が集合して既に性を含有していますが未発動で、一炁の功が発生する以前の待機状態です。「大にして海河の広、小は昆介の微に及ぶも、此の一炁が其の邃《すい》を転するに非ざる無きなり。（午一—十六）」と曰われ、一炁は最初の始めという意味の一数で呼ばれます。各個体の出発点は一炁囫圇で、その状態を成すのは原材料である炁の凝定に因ります。

その凝定を為すのは、宇宙の「自然の心」です。そして、宇宙の大一炁が森羅万象を具現化し展開するのと同様に、各自の小一炁囫圇も活性化して後天具象を展開します。その化を為すのは、各自固有の元神経の働きです。「大なるかな、神は」——神《しん》は、実に偉大なるかなです。

ここで、念の為に確認しておきたい事は、一炁が万象を化すのですから、一炁が各自の元神という神経の元も化すのですけれど、修功に於いては、修者の神が元々の大宇宙の一炁と同様の状態を化すと言えるような働きをするという事です。その状況を再現する事が修養の最要点になります。

元神発生当初の、未だ何も問題が起こっていない状態を再現することは、ＰＣの初期化にも似ていますね。それを日常的にに行う心坐や真坐の功は、常に再起動をするようなものでしょうか。

　現実の修養で重要なことは、神経が散漫にならず、また過敏にならず、特定の竅に於いて習慣的に、一定して寛《くつろ》ぐという事です。習慣的にという意味は、一朝一夕にはゆかず、物理的変化の為の時間と申しますか、炁が霊波として充凝して安定する為に、ある程度の期間が必要だからです。そして、囫圇の形に霊光が円満に充凝すると真霊が完成します。

　その状況については、経典の随所に説明されています。例を揚げますと「一元紀始の初め、其の色は淡々、其の声は息々、其の形は渾々、其の神は黙々。其の無見無聞無声無識の至神を以てす。……霊の清なる者は皆、虚於り出る。其の虚実の間は皆、恍惚を以て之を定す。(午十五―十五)」のように、有の若く無の若き寛ぎ状態と神経の微妙さが説かれています。「一息すれば一炁を孕す。一炁が二奥を定す。二奥が充するは皆、炁気が合するなり。炁気が一竅に於いて合して後、水火は相済す。水火が済し、乃ち至妙の息に臻《いた》るのみ。(午八―七)」とも説かれています。その功候が修者にとって重要な目標になるわけですね。

「物の化する所は、乃ち鎮する所を有す。是れ、虚に於いて鎮し、是れ、神に於いて合す。一にして之を化し、炁は乃ち鎮を克す。(午十一―一)」又、「一虚の化は、炁神を合し一輪と為す。(午十一―六)」とも説かれています。

道は必ず、一から始まり、一に帰します。0《ぜろ》から始まり0に帰すことはありません。最も基本の最初の一を炁と仮に名付けているという事です。「吾道の立基するや惟、一炁なるのみ。一炁の運息するや惟、坐に於いて基するのみ。（午十三—五）」始まるも終わるも、本も末も、一炁です。「天地の広大悉備も、一炁が之を孕するなり。」とも又、「一炁が清すれば、万塵は染せず。」とも説かれています。（午十六—四）
「人心惟危、道心惟微、惟精惟一、允執厥中」の大禹十六字の薪伝に対して「人心惟危、潜龍勿用。道心惟微、守静制動。惟精惟一、盡性至命。允執厥中、無形無影。（未集経髄炁子総化一—二）」の一文もあります。

人心の危機には潜龍勿用の如く霊を養し、道心があっても微なれば静を守し動を制す。「惟《こ》れ精」の精は微細の純精、又エネルギー、精を出す、精進《しょうじん》する意味もあるでしょう。それは惟《ただ》一炁に繋がります。一炁圀圇を目標に精進し、性を尽くし天命に至るべし。允《まこと》にその中心を執り、形を無とし影を無とし、無為無相に修養すべし、というような意味でしょう。

一炁の話は尽きませんが、多くの知識よりも、現実の修養功候における一炁を、先ずは道理として知り、そして実践しながら、その時々の実感として善く理解することが何より大事でしょう。

一炁堅定　如々者静　静極而動　乃化万形

一炁堅定《いっきけんてい》　如々者静《じょじょしゃせい》　静極而動《せいきょくじどう》　乃化万形《ないかばんけい》

一炁が堅定し、如々なれば静す。静極にして動し、乃《すなわ》ち万形を化す。

天地の一炁囫圇状態は、エネルギー的に安定した状態で静かです。寂滅のように静かです。けれど、内に全ての可能性やその原料を蔵しています。そして、ポジティブな意識が保たれています。それが、大生命体としての宇宙の心です。自然の心とも言えるでしょう。

　やがて、その静寂が極まると自然に動き出します。その動は、この世界から視れば突発的に見えるかもしれません。けれど基本的には、爆発的な動ではなくて、微細な動が兆《きざ》してきて発動開始となると曰われます。

　その様にして宇宙の静寂が活動し始めて、全ての形有る物、即ち万形が化されるということです。勿論その中に我々人類も含まれるわけですが、人類の形が発生するのは、順序と時間を経る必要があります。その理由は環境が整わないと、人が発生することも生存することもできないからです。「山水沙木は皆、人の先に有り」と経典（北極真経子——一）にあります。

けれど、前後や経緯はあっても、形が発生することが誕生を意味します。そして、自己自身を具体的な存在として認識するには、形を有すると共に、神経感覚が生じる事が必要です。各生命体の最初の神経の基を「元神《げんしん》」と呼びます。元神は、自己自身の基の神経です。

正経午集の経首という箇所に、「一人に事《つか》えよ」と言われ、その一人とは他でもない「各々の先天固有、至清至霊無障無惑、三界六輪（大宇宙）以外の侵迫を受けない元神」と説かれ、その元神に誠《まこと》しなさいと言われます。老祖様は、御自身に対して誠事せよとは決して仰《おっしゃ》っていないのです。惟、聖号（至聖先天老祖）を唱えると良い事があるよ、と仰《おお》せになります。

実際にピンチの時などに奉誦して、筆者も随分助かってきました。

ところで、その元神に誠する修養に於いても「堅」が重要で、最初の志が堅か否か、又それが堅実に持続されるか否かが後々の候に影響してきます。特に最初の志は大事で、志堅心誠が道院の修養者のスローガンにもなっています。世間でも、初心を忘れない事が成功のカギとも謂われますね。

ところが、理論的に人は、志を堅実に保つのが苦手《にがて》な生物だそうです。個体差はあるでしょうが、概して堅と静の持続が得意ではありません。「意を堅するは難《なん》ならず。惟《ただ》、恒《こう》するは惟《こ》れ難《なん》。神を定するは難ならず、惟《ただ》、守するは惟《こ》れ難。（午一―十三）」例えば、自分の手の指先に意識を集中しようと思えば難しくありませんね。けれど、それを一時間保つのは困難でしょう。まして恒久的にと言われては非常に難しくなります。

植物達は、人と比べてそういう事が結構平気なようで、動物の中でも、ハシビロコウという鳥は、置物のように長時間同じ姿勢を保つそうです。決して鈍感なのではなく、食料の魚を捕らえる機を窺う為にその様な習性が身に付いているとの事で、一瞬の機を逃さない捕獲動作は実に鋭敏です。

卵を温める期間のペンギンやじっと息を潜めて冬眠する毛物達の忍耐力なども、我々が殆ど真似できないものでしょう。

人は、天地人三才を成立して位育に参賛する可能性を備えている者です。けれど、又はそれ故に他の動植物と比べて静や堅の能力が劣っています。その理由は、人が元々創造的な性《しょう》を持っているためか、又は変化に富んだ世界を操作する潜在能力に長け過ぎているのかもしれません。

けれど、本当に創造的な活動を展開したり、目まぐるしく変化する現象を執り仕切るには、静堅が絶対に必要です。シーンと鎮まり返った心境、神経状態から、創作活動も発動されます。中心が不動を保つ故に、周囲をしっかりと執り仕切ることが可能になります。

人は確かに、植物や動物の霊長、霊の代表と言えるほど、彼らと比べて、表面的、技巧的には才知が優れていて、鋭敏な感覚も優れているようです。けれど、静や堅に於いて劣り、すぐに気が散漫になり易く、動き出したい衝動が強い我々人類は、彼らの長所を尊敬して見習う必要があります。

若し人が、我々修者が彼らのような静堅持続能力を身に付けたとすれば、偉大な真人に成ることも決して夢ではないでしょう。

嘗て、樹木質で静に優れていた者や石質で堅に優れていた者の中で特に静々を持続し、堅々を保持していた者が、やがて大真人の霊格を得られた、そういう事例が複数有り、そういう方達が複数居られたそうです。

現実に人は、大道の真理を理論的に理解する能力は優れている筈です。ですから、その理解と共に実践修養して、堅静の方法を会得さえすれば、石や木に劣らない、それ以上の堅静を自己の性とする事が可能でしょう。そして、そうなれば、堅静している時が最も心地好くなるでしょう。

動が全ていけないという事ではありません。静を基本にして、自然の動、即ち先天炁功の動を自然発生させることが、元生命にとって最善であり、又この世界の中で生存繁栄する上で最適になります。そして、人の性は、「虚」の時に最も安定し、安寧を得られるものです。（虚については後述）

この宇宙そのものを否定しない限り、宇宙の元々の材料であり因である炁は絶対的に正しいものです。そして炁の作用、「炁功」は正しい現象です。そういう意味で、炁功の自然の動を適正な動と言うことができます。

しかも、炁の化した気や、その気が生じた様々な物質に由って不適正な事態が引き起こされたとしても、必ず元々の炁の状態に戻ることができる、そういう物理的真理と大道のシステムの存在において「絶対安心な拠り所」と断言できる、そういう存在を炁と名付けているということです。

又、「正」という文字は、一に止まると書きますね。そうです、一炁胞に止まる、意識を置く、その事に由り物理的に炁功が発動するという道理も、この正の文字に含まれています。更に言えば、止々の功という、この場合の功は炁功ではなく、神経に由る修養の功です。一に感覚を静止する功、その止功に由り炁功が発揮されるのですから、それは適正と言えます。

「炁功なる者は、神息を仮りて充凝する者なり。(午十―十二)」と曰われ、後天修養(現身を用いて行う修養)では、先天炁功を直接操作できないので、後天気に属する神経に由り炁功を導くのが有効で唯一の方法になります。

「一息の運は万化の基なり。一炁の平は万有の本なり。……是の坐、是の息は、皆その定を有し、皆定しようとする所無し。(午十三―一)」

「天地の基たるや、一炁が運化して後に、能《よ》く大となり能く久となるなり。」「天地は一炁に於いて息するなり。」「吾道の立基するや、惟一炁なるのみ。」とも説かれています（午十三―五）。

道院の修養方法は、通常の修行方法と比べて先天の法と謂われ、修坐は先天の坐と謂われますけれど、現実に後天身体を用いて行うのですから、厳密に言いますと、神息（神経感覚のリラックスモード）に由る先天と後天を合する方法であり、先後合天中運に由る方法であるわけです。

そのような炁の仕組みを理解して適正な順序で実践してゆけば、自己の元々の霊体と元々の神経の自立存続を実現する事ができる道理です。

俄《にわか》には信じ難いかもしれませんが、頭から否定せず、逆に盲信もせず、静かに本書を通読される事をお奨めします。御自身の本心に尋ね、元神に触れて真実と感じた事だけを信じて、暫くの間でも実行してみて下さい。

万形を化すという作業は想像を絶する大変な事でしょう。それを黙々と、堅々剛々と、そして静々寂々と続けている大道は、実に偉大としか申し様がありません。その偉業のお手伝いをさせて頂ける真人に、成れる方法を紹介できますことは、道理の研究者の一人として何よりの喜びですけれど、説明の不備、表現の不明瞭に関する責任も痛切に感じております。

大道の真理は元々、言葉で説明し、それを受けて頭脳で理解するものではありません。そして真理はどこにでも存在するように思われがちですが、実際は謂わば絶対的な、微妙な時空間に存在しています。

確かに大道は真理に由り存在し運営されていますが、真詮の有る「場」というものが決まっています。それが「如々の境」とも呼ばれる先後合天の輪界です。その微妙な場を感覚する事ができるのは、各自の固有の元神に限りなく近い「真息モード」の神経だけでしょう。

それ故、昔から日本の唯神《かむながら》の道《みち》では「コトアゲせず」と謂われ、言葉の説明に由る情報伝達は重視されません。伝える側が示す行動、所作などを通じて、受け取る側が感得すべきであるとされてきました。

道院の経典（真経、真経奥義）にも「意《い》化《か》心《しん》観《かん》」という言葉が登場します。「意化」の意とは心の音であると曰《い》われます。心を波動化するというのは霊波に通じますが、謂わば虚性から発する霊波です。それを感じる受け手の側も心を虚にすることに由り感じて受け取ることができます。

「観」の文字は、かの観世音の観と同様に、易象でいえば䷓風地観で、上丹田に炁が充実した状態で波動を感覚することを表現しています。

如々の境は、そのような心の安定した状態とも言えるでしょう。

「坐の色は定如たり。息の色は和如たり。運の色は平如たり。行の色は荘如たり。化の色は粛如たり。孕の色は藹如たり。如々の境は、瀰々の景。是《ここ》に之《これ》、道正と謂う。（午十六―二）」道が正しいとは、一炁の功が正常に作動して道が運営されているという意味でしょう。この道は修者の道です。

「如々の境は、自然に於いて定し、虚玄に於いて適す。（午十九―十）」とも説かれています。この自然にとは、無為、純任自然という意味で、虚玄は、虚心と至静の感覚というような意味と解すると実用的でしょう。

「如来《にょらい》」という言葉がありますね。「じょらい」と読む場合もあるそうですが、大日如来のような偉い大悟覚者を指す、と知る人は多いでしょう。

けれど、道院の経典では如来について、「来るを如とし、去るを如とし、見るを如とし、聞くを如とし、不見を如とし、不聞を如とす（経髄人―経尾）」と説かれています。ご参考になさって下さい。

ついでに「如是《にょぜ》」という言葉も経典（経髄天一―四）中に記述があります。

「如是の功候は一息に過ぎざるのみ。」この一息とは一虚の真息でしょう。

「太素は其の一息を凝する者なり。太極は其の一息を守する者なり。太初は其の一息を明する者なり。大化は其の一息を運する者なり。生死滅化は其の一息を循環する者なり。」とも説かれています。

その一息を為す者は、修者にとっては「自心」ですけれど、又別の表現で「一息する者は至虚の炁なり。（経髄天一―四）」、また「是の炁たるや皆、先天虚空《こくう》の輪《りん》に於いて守す。（午十七―十）」とも説かれています。

この様に、如と息、そして虚空とは非常に密接な関係にあります。

修者にとって其の如々状態は、志堅心誠に由って安定します。けれど、努力して堅を持続しようとするのは苦行になり大変です。似々如々《じじじょじょ》という言葉もあります。それは如々《じょじょ》の真境が似《に》て非《ひ》なる状態になって、修養しているつもりが墜落に向かう、要注意であると謂われる状況です。

その如々と似々如々の分かれ道は、炁功の自然に純任する心地よい休息状態に入っているか、そこから出るか、の違いだけです。ですから、その危険を避けるには、性が堅に、即ち性質として十分定着する事が重要です。性堅は炁の凝固状態ですから、物理的には炁が凝固するという事です。「この時、惑に著すれば即惑す。清に著すれば即清す。明に著すれば即明、味に著すれば即味。一塵も不著なれば、万象は倶空す。それ然る後、能く吾の至純の霊炁を保てば、而して味輪は乃ち自から其の惑を阻するのみ。（午二十一―三）」又、「綿々の炁は皆、如々の境に従りて之を定するなり。如々の境は、自然に於いて定し、虚玄に於いて適す。（午十九―十）」

或いは又、「自然の如々は平淡なるのみ。（坐法中元―五行系　黙真人註）」

「坐は、如を守するを貴ぶ。（坐法上元―二）」とも説かれています。

物理的に炁が十分に充凝すれば、楽に自然に安定していられる訳です。

ですから、修養とは、その様な状態にするだけの事とも言えるでしょう。

ところで、「先天を修するには、自然に於いて修す。後天を養するには、無為に於いて養す。（午二十―四）」と説かれ、理論的には修と養は別事です。

修は為す功で、養は得られる状態です。修は、神経感覚を用いて練習し、炁功の自然が日常的に発揮される状態に、自己の心身をセッティングしてゆくことです。養は、モード設定さえできれば、付いてくるものです。

喩えて言いますと、自分で気を付けて、健康的な食品を摂取する行動は修功に似ています。その後、摂取した食品が消化吸収される課程は、一々注意深くケアせずとも身体に任せておき、その機能が正常に働いてくれるのを、ストレス等に由って妨げない事が肝要になるだけでしょう。

その様に、自己の為すべき仕事だけを丁寧にしていると、修養も自然に進んできて、やがて一つの目標である真人としての自立に到るはずです。その成功は皆、自己の功績でもなく、炁功が成し遂げてくれるものです。人の努力すべき事は、炁功が発揮される状況にする、それだけです。

ですから、炁功の自然を味方にする、気の平静、温和、恬淡な日常生活を身に付けて、それが性《しょう》に成るように練習することが最も近道です。そうすれは、真霊の強い味方「性堅」は自から得られるでしょう。「万化は一炁より出る。万形は一源より発す。（午十二―三）」、また、「大道が人を化するや、一静に非ざる無し。静極して息を生し、息転運化するは皆、吾の自然の炁が之を充するに従る。（午十二―九）」と曰われます。「之《これ》を充する」の之《これ》とは、自己固有の真霊、真丹です。

「万有の形は一炁が之を化するなり。万形の体は一炁が之を蘊するなり。（午十六―十五）」一炁から万形が化される状況は想像が付くと思います。

万形の体を一炁が蘊するという意味は、万形各々の体は、先天に於いて一炁が蘊する事により化されるという順序です。その現象は、万物が誕生する以前に先天に於いて機が熟して後天に化される炁功の自然も、修養の功候に由る一炁の蘊から真形体が完成する場合も同様になります。

蘊《うん》という文字は五蘊《ごうん》の蘊と同じ字です。五蘊は人体に含まれ身を構成する色（肉体）受（感覚）想（想像）行（心の作用）識（意識）である、と漢字源に載っています。道院の経典中に五蘊に関する記述は非常に少ないですが、「神が五蘊を聚すれば、剛邃は必ず窔に乎いて蔵すべし。（午十六―十五）」

と曰われ、幻身に纏《まつ》わる蘊を否定するのではなく、その意識を収蔵する、又は統括することが奨励されています。後で又触れることになりますが、この世界の形は仮であり、幻影である、という捉え方の背後に、否定的な意図は全然ない事をご記憶下さい。幻身は大切な修養の道具なのです。

蘊の文字には又、包む、蓄える、中に籠《こ》もる、含む、物事の奥底、極地、等の意味があるそうです。経典に出てくる蘊は大抵「中に包んで温める」卵を抱くような感じでしょうか。蘊されるのは謂わば真霊の卵です。「先天に之を凝し、後天に之を化す。先天が之を孕し、後天が之を成す。（午十五―十二）」とも説かれます。その凝する、孕するのは炁ですから先天ですね。そして、真実の丹を化し、真霊を完成するのは、先天から見れば後天の世界です。通常の後天三次元物質の世界から見れば、それは先天に近い先後合天の世界になるでしょう。非常にシンプルな道理ですよね。

と言いましても、この炁の修養が無ければ、炁功の計り知れない恩恵を自己自身が十二分に頂くことは有り得ません。経典（午二十一―十五）にも、「先後合天の旨は、一炁の運する所と曰《い》うと雖《いえど》も、而して（修者の心の）自然の適、（修者の神経の）静定の功無ければ亦、此の妙境に臻《いた》るを克《こく》せざるなり」と説かれています。自己を完成するのは自己自身です。

自生自滅　各有其因　因果輪廻　皆在運用

自生自滅《じしょうじめつ》　各有其因《かくゆうきいん》　因果輪廻《いんがりんね》　皆在運用《かいざいうんよう》
自《みずか》ら生し自《みずか》ら滅し、各が其の因を有す。因果輪廻は皆、運用に在り。
「衆生を生する者は衆生なり。衆生を滅する者も亦衆生なり。(午十七―一)」
又「一切衆生を度する者は衆生なり。一切衆生を滅する者も亦衆生なり。(真経丑―三)」、「万物の生するや、皆自ら生するなり。万物の滅するや、皆自ら滅するなり。(午三―十五)」とも説かれています。

天地が有ってこそ万物はその中で生まれます。そして又、天地が有って万物はその中で滅します。この消滅というのは、各々の形体の消滅です。

そして、各々の個体が生し滅するには、各々何らかの原因が有り、何も原因が無いのに生滅することは有り得ません。この世界の、善い事も悪い事も些細な事も甚大な事も、或いは表面的に見え易い事も見え難い事も、それぞれ、生じる原因が有って生じ、滅する原因が有って滅します。

けれど、各自の生滅は、各自の自由と責任に於いて為されるというのが、大道の真理であり、宇宙の運営に於ける約束事になっています。

言い換えますと、各々に対して、運命を自分自身で判断し決定し変更し、切り開いてゆく、そのような自主性が基本的に認められています。因果応報という言葉も「各がその因を有する」とはそのような意味です。こうすれば、こうなるという道理にはネガティブなイメージはありません。こうすれば、こうなるという当然の物理的現象に過ぎません。感情とは別です。

天地の形体も亦、同様に消滅を有します。宇宙の形体、即ち星々や有形の物体、ガス等の構成物が発生したり消滅する事は今日知られていますね。宇宙の形も際限無く膨張するものではなく、必ず無形に帰すはずです。一炁から始まり炁は炁に帰源するからです。

そして、ブラックホールの究極の一点は無限量の可能性を収蔵します。それ故に、無限の可能性を内蔵した一炁と同様になる道理です。ブラックホールは永遠に全ての物を吸い込んでゆくのではなく、飽和状態となった時点で収蔵を已り、その後に渾噩期間を経るでしょうけれど、静默の状態が極すれば、一炁から後天を化す功に転じるのが自然の道理でしょう。

ビッグバンの発生という形態がそれかもしれません。何故なら、宇宙は、超知的な大性命体ですから「自《みずか》ら足ることを知る」存在である筈です。「足ることを知れば、天地は結構広いよ。（真経奥義）」と曰われます。

炁から始まり気は炁に帰す、その炁と気の臨界を執る意識が真神です。後天の形が拡大から縮小へ、成長から収蔵へ向かうのは、適という意識が作動するからで、その管理を為すのが本心と真神です。自心と神経が最も安息できる形の質量を決定するからです。その意識に従って、宇宙の後天形態が発現され、又収蔵されます。一炁から始まり一炁に帰するのです。

宇宙の形体が混沌状態の如くになることは有り得ます。曾《かつ》てその様な、時間と言えない時間が延々と続いたことが経典中にも記されています。

けれど宇宙は、形体を消滅しても、また再生して今日に到っています。大生命体宇宙は、自立した真人の最大形態の存在ですから、自身の後天形体の生滅も亦、自《みずか》らが完全管理してサイクルされるのが当然でしょう。

そうです、形態を有する物は皆サイクルしますが、自立している本体はそのサイクルに振り回されること無く、自己が変化したい時には変化し、自己の意思に由り永遠の生命を存続させるものです。

では、その様に宇宙が自立している最重要な理由、原因は何でしょうか？

――それは、天地宇宙が「混沌《こんとん》」状態ではなくて「渾噩《こんがく》」状態の意識を保っておられるからです。即ち、性命に対する大らかでポジティブな虚性と共に静々堅々の厳正な意識を兼ね備えておられるからに外なりません。

自立している者も、していない者も、仮幻の形体は皆、基本的に陶鋳《とうちゅう》されます。陶鋳とは、陶器の粘土の捏《こ》ね直しや金属片の再鋳造のような、所謂リサイクルですね。それは、各形体が必ず炁に戻るという道理に由る、数の実施過程に含まれる故です。けれど、リサイクルをして永遠性を保つという法則、道理が存在し、それを中央で管理する場が存在し、その上で、リサイクルが実施されるわけで、理不尽な乱暴な行動ではありません。「陶鋳する者は、自ら陶鋳するなり。生化する者も亦、自ら生化するなり。(午―一―十一)」全ての生物には自己の運命を設計してゆく権利と機会が与えられている原則です。その権利を知らない者が多く、機会を自ら招き到来した機を活かす者が少ないだけで、権利も機会も存在しています。

多くの人が陶鋳されない真形を得て大宇宙で活躍される事が筆者の願いです。極少数の真人などは、地球人なら地球人の現身を恒久的に維持するとも聞いています。筆者はその様な人を未だ確認していませんが。けれど、幻身を恒久的に維持する必要性は無いわけで、極端に言えば、その時々に最適な身体や容姿を得られるならば、その方が好都合でしょう。惟、自己自身の必要な記憶を持続して生きる事は、固有の性命体としては重要なことです。真の形体である真霊状態を保てば、それは可能です。

大宇宙は、そのような大真霊状態を保つ御手本とも言えるでしょう。そして、大宇宙の本体が不滅であるのと同様に、我々の小宇宙の本体も亦不滅に成り得るという事は真実で、その方法こそ、老祖様が伝授され、この本でご紹介する、真人成丹の修養である訳です。

嘗《かつ》て読者から「輪廻《りんね》は何故起こるのですか？」と質問されました、その時、「自分の意志で転生できないからです。エネルギー不足だからです。」とお答えした記憶と記録があります。物理的なエネルギーの問題なのです。それは、一般論でも他人事でもない自己の真霊と元霊のエネルギーです。

星占いが的中するという事例が、少なからずあると思います。それは、エネルギー不足の為に自力で生きぬけない人が、天体の影響力等を借りて動かされる状態に於いて、特定の星座や各星座の配置、月齢などに由って個人の運命が左右されるような現象が観察されるからです。

真に自立した人は、自己の意志で生きます。寿命なども必要があれば、融通をつけるのが当然です。その必要とは無論、私的な身勝手な要望ではなくて、道理に叶う公的な大志や大願に繋がる必要性です。真人でなくて真人を目指す修者、公的な大志を持つ普通の人でも、寿命くらいなら多少の融通は付くものですが、やはり自在にという訳にはまいりません。

後天の形体を生じるに於いて、「至陽は自化せず、至陰も自生せず」と曰われます。化生するには、陰陽が同じ時空間に共存して相互に作用する必要があります。即ち、炁が気を化すことが万物の化生の前提です。「衆生を生する者は、一炁に非ざる無し。衆生を滅する者は、一気に非ざる無し。（経髄人一―六）」とも説かれます。衆生の形体を化し生するのは炁です。衆生を真人として真に誕生させるのも亦、炁です。衆生の形体を滅するのは、炁に戻る性質を有する気です。衆生を形体だけでなく霊ごと完全に元の材料の世界に戻すのも亦、気です。

炁を一とすれば気は二、天を一とすれば地は二です。一炁というのは、その様な最初の、と言いますか原点である炁という意味もあるわけです。

そうして天地の交流に由り三が生じます。三は万物の霊的な代表である人（一人前の真人）ですね。そして、万物が展開されると曰われます。

その経過は、天地の環境条件が整った後に、後天形体を有する人が化生する順序になります。けれど実は、それより以前に既に、全体を包括する大道心とでも言うべき大宇宙の意識が存在し、システムの道理が存在し、中心となるべき大人霊の基が存在し、それ故に天地の化生が可能である、と曰われています（経髄天集）。

「人の人たる所以《ゆえん》は、天地二気の精を具し以て無形に於いて一炁を蔵して、息々不已の功候を為す者なり。（経髄天四―四）」と説かれる「人の人たる所以」とは、本来の人の在り方であり、目標でもあるでしょうが、それは決して実現不可能な理想ではありません。ここの無形とは虚霊です。

「一霊が（性命と）相通し、然《しか》る後《のち》に動静の主宰と為るのみ。故に、天地が静を為す時有り動を為す時有りと曰うは、是れ後天《こうてん》の輪なり。（一霊の主から観れば）天地は静にして動せざる所無く、動すれば静せざる所無し。」

「衆生を造する者は衆生なり。万有を化する者は万有なり。（経髄天四―六）」

因果輪廻の展開される世界は、そのような中心的な特殊空間――それは「至虚」と呼ばれますが、それを中心にしてサイクルしています。至虚につきましては、後のページで順々と明らかになってくると思います。

それは丁度、我々の銀河の中央に至虚の空間とも言える霊的意識エリアが存在して、その周囲に無数の星々のサイクルができ、その各グループ、例えば我々の太陽系のようなグループ毎に亦、中心を一定にしたサイクルができる、そういう構造になっているのと同様です。輪廻のサイクルも亦、中心が存在して、その周囲に展開されるものです。

因果輪廻は皆、その中心により運用するシステムに在るわけです。

ですから若し、因果輪廻の中で流されている一個の生物が、その輪廻の運用に振り回されない立場になろうと欲するなら、先ず最初にその運用の仕組み、中心の特性について知り、その特性を適当な方法の実行に由って体得することが最も現実的かつ合理的であるはずです。そういう意味で、本書を好循環のきっかけに、進化の足掛かりにして頂きたいところです。「炁気が至妙至正に於いて性命の基を立するのみ。是（真窔）に、之（炁）を充し以て凝し、之（気）を養し以て正し、之（炁光＝霊）を行し以て静し、之（気光＝神）を息し以て平するに在り。則らば、運輪の先因後因は皆、至虚の境に入るや。而して陶鋳を脱するや、自《おのず》から惑輪《わくりん》の運を無くすのみ。」と説かれています（午二十—十三）。惑輪とは不適正なサイクルのことです。

因果は通常、原因が結果として現われるのに時間が掛かります。理論的には、因が生じた瞬間に結果は決定されますが、時間の経過と共に表面化するのは、原子や分子の反応に時間が必要であるからです。

逆にそういう経緯の故に、我々は不適正な因が悲惨な結果に為る前に、未然に他の因を設定し、所謂運命を変換するという事ができるわけです。実際の因果現象は非常に複雑で、一つの因が存在する前にそれが生じる為の因が存在し、一つの結果の後に亦、次の結果が現われてきます。

しかも単一である事は希で、複数の或いは無数ともいうべき多数の因が有って一つの結果が到ります。又逆に一つの結果が因となり無数の結果が展開されます。ですから、不都合な一結果に対して原因を特定して解決を計る事は、些細な一結果に見える場合でも現実に大変困難になります。

そこで、その元々のルーツ的な因は「一炁」であり、「一炁が存在する事」であり、又全ての結果は再び「一炁」へと帰源してゆく事に着目して、そのサイクルである輪廻を纏めて執り仕切ることが本書の提案になります。

ところで、六道《ろくどう》輪廻という言葉が有りますね。仏教の説法や一般常識のそれは、少し暗くて深刻な教訓的なイメージではないでしょうか?
大道で曰われる「輪廻」という概念は、それとは全く別の物理的理論です。
道院の経典（正経午集の最終に近い二十四節―十四籙）には、至虚を中心にした六道輪廻のサイクルについて説かれています。

そこには、天界や地獄界、餓鬼、畜生などの世界は登場しません。その六道は六種の要素の道でもあり、六合《りくごう》（四方＋天地＝世界）の道でもあると思いますが、悲壮な感情などは関係ありません。
「生せずば滅せず、滅せずば仁せず、仁せずば化せず、化せずば凝せず、凝せずば孕せず、孕せずば生せず」と説かれ、図も描かれています。

その図は、虚の文字の入った円を中心にして周囲に各々の文字が入った六個の円が配置されていて、六種類の現象が展開される図です。その六種は滅、凝、孕、仁、生、化です。

その図の説明の結論として「天地、陰陽、万物、霊神の理を究すれば、一炁に於いて循環する、それのみ哉《かな》」と説かれています。この霊神は炁の光と気の光を指します。それらが皆、一炁を中心に輪すると曰われます。「功候造化の定運を有するは、是れ皆、無形にして其の功を蔵し、有形にして其の用を致し、運転弗已にさせるに在り。（午二十三—二）」とも、又「炁功が堅定すれば、乃ち能く常に存す。炁功が弗定なれば、必ず存すること弗能。」とも説かれています。この「常に存する」とは、単なる言葉の綾ではない、真霊の永遠の存在を意味します。

「輪因より免れるは、息々《そくそく》の功用なり。息々を通するは、坐息《ざそく》の功候なり。此の坐息を守する者は、堅静の自然なり。（経髄天四—九）」と説かれ、又「太虚《たいきょ》の一胞を固す。要は、堅静堅虚にして一切を空と看《み》るのみ。」等とも説かれています。因果輪廻が各自の運用に在ると謂われる所以です。

因みに、生死という概念について少し補足しますと、この世界に生まれ、遅かれ速かれ皆死に到るという形体の生死が一般の観念の主流でしょう。

生死を真霊の生死という観点から観ますと、自己の真霊が完成するのが真の自己の誕生で、固有の元神が消滅して全ての可能性が消滅するのが、自己の完全な死であると言えるでしょう。経典（行修真経序言）には、「何を以て生と云う、——霊が生するのみ。何を以て死と云う、——神が死するのみ。」と曰われます。

「我を生する者は、性なり、命なり。我を死する者も、亦性、亦命なり。（坐法中—六）」とも曰われます。性命と生命という言葉の違いは、立心偏の有無にあります。生命は必要な原料が揃えば物理的に発生すると言え、性は心から生まれるものです。その心とは、虚心、又は道心です。

「炁が輪を成すとは、真虚相形の謂なり。（坐釈法言中元—四）」、更に又、「是《こ》の生、是《こ》の滅は皆、其の因を自造す。是の化、是の孕は皆、其の果を自種す。是の凝、是の仁は乃ち、一炁が運行して輪界（サイクルの世界）を為し、終始に乎いて造する者なり。」と説かれています。

炁が輪を成すのは、真神経の感覚と至虚の心君が相互に真形を成す故に、奥窔では炁気が相互変換され、周囲には輪廻のサイクルが展開されます。その一炁胞を自己の中心とすれば、生滅も終始も自然の炁功と天然の気候が自動的に恒久的に行ってくれます。——これが大道の輪廻です。

炁と道が存在し、大道の真理というものが存在してこそ、そのシステムが存在し得ます。そう考えると、個人的な輪廻の解脱など簡単そうな気がしてまいりますね。大真人クラスになれば、必要な時に輪廻を造り出す、例えば新たなパーソナル銀河を創造することも可能でしょう。

それは、大真人がその様な特種能力を持つという意味ではありません。ここの所は大事ですから、良く善く記憶しておいて頂きたいのですけれど、この現実世界に展開される力というものは全て幻です。

真実の力を持つものは炁だけです。その炁の力を、自分の力の如く自然に自由自在に活用させて頂けるか否か、それが我々人類の永遠の課題でもあるでしょう。そして真人はその課題をクリアして生きるのでしょう。「天地人物の運用は、理が気を與《よ》し、気が理を寓して方《まさ》に其の妙功を見す。（坐法中―篇引）」とも曰われます。

運用するとは、炁又は炁の一胞が気の輪運を用いて後天の仕事をする、というような意味です。それは勿論、先に大道と炁が存在し、道理が存在するわけで、その中で炁気の変換も後天の運用も行われます。

ですから、先ずは大道の理、特に炁気について知ることが不可欠になります。数に関する道理も亦その一環として外せません。

先天無極　後天無数　無極者極生　無数者数運

先天無極《せんてんむきょく》　後天無数《こうてんむすう》　無極者極生《むきょくしゃきょくしょう》　無数者数運《むすうしゃすううん》

先天は無極、後天は無数。無極なれば極が生し、無数なれば数は運す。

一炁を基本とする先天には、元々は極というものは有りません。元々は宇宙即ち「一炁胞」にも極は有りません。故に「無極虚空《こくう》」という御言葉も経典（午十三―八）中に出てきます。

勿論それは図に表せる状態ではありませんが、経典中には修者の便宜上、0の楕円で表現されています。三次元モデルならば楕円球でしょうか。

先天が無極である事は、それから何も起こらないのではなく、それ故に極が発生して有極になることが可能です。

それも、惟《ただ》無ければ良いというものではありません。完全に何物も存在しない空間であれば、何事も起こりません。因が無ければ果は有りません。

有《う》と言えない状態である炁が有《あ》ることが重要です。そして、その炁から極を生じる理が存在する事が必要です。更に又、その極の発生する条件が揃う必要があります。それらが揃った時に、初めて機が至ります。

炁が無形であり先天が無極であるからこそ、極を有する可能性を含蔵し、それを実現することができる道理です。ですから、先天が元々無極であるという事は、我々後天輪界に生きる者にとって必要かつ重要な事です。「有しようとすれば先に無にする」という積極的な意味さえあります。

立極とか建極という状態は、道理に基づいて、その条件要素が整い機が至って立極されるのですが、無極状態から、最初は霊極というのが立ち、その後にいわゆる太極が立すると曰われています。

このように、炁を基とする「理」が存在した上で、「機」が至って、後天の世界に物事が発生する、即ち後天の「数」が発動するわけです。

先天の世界には数が存在しないのかと言いますと、そうではありません。先天には先天の数が有ります。先天炁の一というのがそもそも最初の数の原点ですね。それは特別なので、敬意を込めて「一炁」と呼ばれています。それに対して、後天の基も亦特別に「一気」と呼ばれています。

一炁から始まり二炁、三炁の順に三まで並んだものが縦横に交差すると、中央の一は重複するので一個が蔵し、五炁で十文字のクロスができます。

先天炁は、元々の一炁から六種類になって先天の世界を構成しますが、その基本的な管理運営システムは五数の配置に由り完成するわけです。

六炁の役割分担は、青炁が化物（物を化す功）を主し、白炁が育物（物を育する功）を主し、黄炁が孕物（物を孕する功）を主し、赤炁が胎物（物を胎する功）を主し、紫炁が生物（物を生する功）を主し、藍炁が成物（物を完成する功）を主すと説かれています（午十七―十二）。

後天も同様に、六気がクロスして五数で基本システムが整います。

先天超物質世界と後天物質世界の基本材料としては炁六と気六ですが、システムとしては先天五数《せんてんごすう》と後天五数《こうてんごすう》の構成になります。六炁と六気は、纏《まと》めて二六《にろく》とも呼ばれ、先天五数と後天五数は、二五《にご》とも呼ばれます。

○が三個縦に並び、中央の○の左右に各一個の○が配置している象は、五行の基本形とも言えます。五行は運営システムの基本です。

我々の身体を気が巡るシステムは、四季がサイクルする様子と相応しています。春夏秋冬のサイクルは、丁度その五行の縦横のクロスした象の、中央○を中心にして巡るわけです。易象《えきしょう》で言いますと、中央の土用☷の周囲を春☳、夏☲、秋☱、冬☵が巡っている形態になります。

「膻中於《よ》り舒《の》びるは皆、春景なり。泥丸に於《お》いて行《こう》するは皆、夏候なり。夾脊に於いて息するは皆、秋序なり。尾閭に於いて消するは皆、冬蔵なり。（午三一―二）」と曰われるように、人身をサイクルします。

その際に重要な事は、中央が虚になっているという事です。それに由り五行のシステムが安定し、四季のサイクルは順調に巡ることができます。即ち、人身の五行を円滑に運用しようとするならば、中央の心君の居を安定し、できれば心虚の状態にすることが重要になります。

「中心を安定させる」事は、何事に於いても要鍵になります。

二足歩行する身体を安定させるには、脊椎とそれを支える骨盤、それに係わる下丹感覚を安定させる事が良いと謂われます。心を安定させるには、中丹、そしてその奥の真丹の感覚を安定させる事が最善最適になります。会社組織でも、各部署の中心となる人や機械がしっかりする事が必要で、特に全体の中心となる人や物には安定した能力が要求されます。

自身に於いて中心の安定状態を確立し、且つ永続的に維持するために、真霊を完成する、真丹を成就するという修養が意味を持つ所以です。

丹田の「田」の文字は、口又は○と十の組み合わせで、口は規律を表わし、○ならば円霊を表わします。それは後述の「申」とも関連してきます。

我々の母なる地球も、私心が無く何事も懐《ふところ》に受け入れ、何物も掌《てのひら》に載せるような虚心モードと厳格な堅静が基本になっています。それ故に、四時の気候を始め様々な地気の運用を滞りなく展開できるのです。

そして、我々の身体を気が周天するのと同様に、我々の銀河や大宇宙の場合も炁が周天するそうで、それは「大炁《たいき》の流行《るこう》」と呼ばれています。その大炁が流行するシステムは「大衍《たいえん》」と謂われ、大衍の数は五十です。それは先天五数と後天五数を総括して運営する為に炁の周天が施行されるので、5+5で10になり、更に5を掛算して50数になるそうです。

道院には、老祖様に敬意を表わす四十九叩《こう》する礼拝《らいはい》の作法がありますが、それは、大衍の五十数から中央の一を虚した数であると曰われます。この、「中央が虚する」ことに由って全体が運営される、という基本システムは非常に重要な意味がありますので、記憶に留めて頂きたいと思います。

さて、この世界の数の展開に話題を戻します。

先天からの発動が起こらなければ、後天には数は有り得ません。つまり、数に由る現象は、後天には元々は存在しないものです。それは、先天炁が無ければ後天気が無いからです。先天には数は有っても、不自然な現象や理に反する故に淘汰されるような現象は存在しないわけです。

先天には有無が存在しないのではなく、有も無も表現されず蔵していると考える方が解り易いでしょう。我々の身体でも、原子や素粒子レベルの現象は、肉眼で見えずとも盛んに起こっている事が今日知られています。

そういう総合的な道理が有り、それに法《のっと》った先天の数の基が有って、先天世界の数が揃った上で機が至り、そこで始めて後天の数の世界が展開されてゆきます。このような道理を「後天は基本的に無数」と曰われます。

そこで逆に、もし先天の無極状態を修養に於いて、自己の小天地の中で仮に設定することができれば、炁功の力で自然に立極をすることも、後天の数をコントロールする事も可能である、それも道理でしょう。

「陰陽が造する所の数を受けざるは、此の炁功の力。（真境午―九図）」と曰われ、炁功の自然を味方に付けさえすれば、陰陽のメリットは受けてもデメリットは受けないという所が実に有り難いです。要はその炁功の自然を十分に又日常的に、そして恒久的に利用できる、その妙法を会得すべく道理を学び実習する、課題はそれだけとも言えるでしょう。

「無数なれば数が運する」の無数を、「数の識慮が無い」という意味と解釈すると実用的に適正となります。数に関して、後天の頭脳で考えた工夫は先天炁を修する場合の妨げ、自然の炁功を妨げる塵識《じんしき》となるからです。

塵識とは、利害損得の計算や目先小手先の工夫、賢明でない想像等です。こせこせと頭を使って計算したり、工夫技巧を凝らして、却って不都合な結果を招く事例は、この世界の日常において度々見聞きするところです。

炁の修養においては、賢明な計算工夫さえ邪魔になりかねません。というよりも、先天炁の自然な功に比べると、後天気を使った人為の、どれ程優れた工夫でも劣ってしまう、という方が真実に近いでしょう。したがって「数の識慮を無くせば、数は適正に順調に運する」のです。

この世界の数的な悩み、例えば会社経営や家庭の経済的な問題を抱える場合でも、数の事を一度忘れて無心になって大きな観点から状況を観る、そういう事が解決のきっかけに繋がる場合も少なくないでしょう。若しもその時に、心坐や真坐を試みれば、きっと結果は飛躍的になるでしょう。

炁の修養は、炁を充凝するという物理的な事ですから、謂わば根本的に性質や運命を回復し、後天身体の健康状態も改善できて当然です。

そのような意味で、修養者つまり真人を目指す人達にとって、無極状態を一つの目標として無為無想のような感覚を磨く練習をする事も、有効な方法となります。その修功に由り成功された人達も、過去に多数居られたそうです。無極意識は又、後ページの「空《こんぱい》」とも繋がってきます。

無極感覚は、特に苦境の時や疲労困憊の時に実行してみますと、非常に気楽になれ心地好いものです。それに溺れると、後天世界が疎《うと》ましくなり、ポジティブな寂滅ではない永久消滅の寂滅に憧れる危険性もある程です。

そのような危険を避けるためにも、美しい銀河の写真や楕円のパターンを身近な壁に貼って、折に触れて眺めるのも宜しいのではないでしょうか。修坐にイメージを用いる事は善くない場合もあるでしょうけれど、静か、穏やか、清らか、純粋、平淡などを心境のイメージとして活用する等は、リスクも無い上に実益のある事として筆者はお奨めいたします。

大道の真理は、あくまで時空間の全体的な調和を基とするものです。ですから、先天あっての後天であり、後天あっての先天であるとも言え、決してこの現実世界を軽んじ疎んじるものではありません。

それどころか、修養するには、現身を用いる方が効率的であるとして、この世界の中での修養が注目されます。そのために、後天の水に溺れ火に焚かれる危険性もあるのに、わざわざ効率的な修養を求めてこの地球世界に来る修者達も少なからず居られるようです。

何故、現身を用いる方が効率的かと言いますと、後天気の周天を用いて錬功する事と、現身の特定の竅を用いて後天気を安定し、先天炁の凝固を促しますと、真霊の充実する真丹のできる時間が短縮されるからです。霊身のみでは、そのような経緯を辿ることができませんので、炁の修養は不可能ではなくても、非常に多くの時間が必要になると謂われています。

また、現身と真霊、先天と後天の様子を比較しながら修功することは、将来の為に実力を養うという意味で、学習方法として非常に有利でしょう。そして又、その過程で現身の体調の変化を観察できるのも楽しい事です。方法の詳細は、後ページで順次お話しします。また前著もご参照下さい。

したがって、無極が何故、有極になる必要があるかという理由も、既にお分りでしょう。先天のみではなく、後天の世界を展開する為ですね。そして、自己の神経が先天と後天を同時にコントロールする、先後合天の真境を得る、その基地となる真丹を完成する事の意義が深いわけです。

「無極が始（炁功始動）するは、先天の化。有極の初めは、後天の母。故に、有極無極は皆、妙玄の中に従り一々之を剖するのみ。（午一―十四）」即ち、微妙な先後天の境目が、無極と有極の分岐する所であると曰われます。

「天が物を生するや、必ず炁の虚輪を借りて形を成す。形質が既に定し、精神は乃ち賦す。是の精が固を主し、是の神が凝を主す。（午八―十）」

「人の形体たるや、無極に於いて生し、無極にして後、太極となる。（経髄人集巻餘）」とも説かれています。

この鎮心経には「虚」という文字も一字も出てきません。けれど、やはり道理を知るには、どうしても「虚」について知らねばなりません。

「虚なるは、実の基なり。（午二十二―三）」と曰われます。又、関連して
「仏は『清静寂滅、真実不虚』と言い、道（老子）は『無為の為』と言い、儒は『中庸易功』と言い、耶は『黙専而化』と言い、回（回教）は『清乃真蔵』と言う。是の数子は皆『虚中生実』の理を以てして万有の沈淪者を救おうとする者なり。」、「是れ則ち、己を虚し以て容すれば、万化は皆生す。」
――虚に容するのは、炁です。虚なれば炁を容することができます。

虚の感じ方の具体的な練習については、前著に提案しましたが、ここで簡単なコツを申しますと、ご自身の拳大《こぶしだい》ほどの空気のボールを感じて、柔らかく胸に抱《いだ》くような感覚を練習されると宜しいかと思います。
「因正守中、因中抱一（経髄天四―六）」正《せい》に因《よ》り中《ちゅう》を守《しゅ》し、中に因り一を抱く、この正は勿論一止に由る炁功の正ですね。この中は真中です。

この場合、「柔らかく」という事が重要で、懸命に集中しない方が善いのです。「至柔なる者は乃ち至剛なり。（午二十一―十）」とも曰われます。

虚を設定するにも、至柔＝至剛となるにも亦「息《そく》」が鍵になります。
「息の行《こう》（運行）するや、虚するのみかな。息の帰（一霊に回帰）するや、玄《げん》するのみかな。至妙の境は、息が通せざる無きなり。至虚の境は、妙《みょう》が止《し》（安定・キープ）せざる無きなり。（午八―十一）」とも説かれます。

「衆生を生する者は息なり。衆生を滅する者も亦息なり。（午八―十二）」
「息は心より生じて性に帰す。（道邃正経真華―息邃）」とも説かれます。

息を会得する事が、修養の最強のカギになります。息が会得できれば、修するという努力も、養するという必要も無くなると謂われています。

「息々の始まりは、修論すれば炁を謂う。息々の初めは、修論すれば虚を謂う。……是の虚が止（一止）を有すれば、止々の息は乃ち真息と曰う。」
「於穆《おぼく》に於いて息すれば乃ち弗已《ふつい》（已《おわ》らず）と曰う。（善い）寂滅《じゃくめつ》に於いて息すれば乃ち極楽《ごくらく》と曰う。黙静に於いて息すれば乃ち宏博《こうはく》（公転）と曰う。憫惻《びんそく》（思いやり）に於いて息すれば乃ち慈悲と曰う。真寧（真中の寧）に於いて息すれば乃ち至清と曰う。弗欺《ふつぎ》（欺《あざむ》かず）に於いて息すれば乃ち至誠《しせい》と曰う。凡て斯《こ》れ息を為せば、焉《いずこ》に依《よ》る所を有しよう。故に至空と曰い、故に至色と曰い、故に至声と曰い、故に至玄と曰う。（午八―四）」

この経典の文は、後に出てきます「非色非声、寓乎至空」という所にも係わってきます。鎮心経に直接登場しない道語についても面倒と思わず、知識が深まり広がるのを面白いと感じて頂ければと思います。

経典の理解は、そのように繰り返し、色々な方向から観察したり、別の表現や別の例題を知る内に、次第に深まってくるものです。

「先天後天は、本無分なり。数の所在が日久しくして自化するに過ぎず。（午一一—十六）」この数の在る所は、元々は一炁胞、一炁囫圇《こつりん》ですね。修者の真中《しんちゅう》（真霊の基）もそれに相当します。

通常の数の運行に関して付け加えますと、五行の中央（色で言えば黄）の周囲に後の四数が運行するのが四序（四季・四方）の運行ですね。その場合、中心が必ず虚である事に由って適正な運行が可能になります。修者の身体においては、中央で心が虚すると共に神経が玄妙、即ち至静微動を守する真息状態になるという事が重要不可欠になります。

仙道等に縁じて小周天の錬功をされている読者は、先ず小周天の練習をして次に大周天の会得を目指しておられるかもしれません。惟、大周天は小周天と比べてパワーや範囲が大であるという認識をされているならば、それは不適と言いますか不足でしょう。

大周天は、「炁気の相交に由る周天」である由が経典（経髄天二一—五）にも明記されています。つまり、先後合天の真境に由りませんと、如何に規模やパワーが驚異的な場合でも、真の大周天とは言えません。逆に外からは穏やかで地味な印象に見え、自分でも普通に自然にしているだけのような息モードの時にこそ、大周天が炁功の自然に由り当然に起こり得ます。

以数化数　乃応其機　以𤇆化𤇆　𤇆於𤇆々

以数化数《いすうかすう》　乃応其機《ないおうきき》　以𤇆化𤇆《いごうかごう》　𤇆於𤇆々《ごうおごうごう》

数を以て数を化するは、乃《すなわ》ち其《そ》の機に応ず。𤇆を以て𤇆を化するは、𤇆々において𤇆す。

数を以て数を化するとはどういう意味でしょうか?

ここで曰われる、化される方の数、化すべき数は、時間と共に変化する後天現象の内で不適正なもの、人にとって不都合な数を指します。そして「数を以て」の数、化に用いる数は、その不都合な数を消し去る為の数で、特に先天の理に繋がる修正力を有する数（数で表現される事象）でしょう。

先に厳然と大道の理が存在します。そして、炁功の発動に必要な条件が揃うと機が至ります。そして数が、こちらから見れば忽然と後天の世界に展開されるのですね。その数の展開たるや、実に千変万化どころではありません。この世界は数で成り立っている等とも謂われます。事物の個数、重量や距離、大きさ、時間、程度、頻度……ありとあらゆる事象、現象が一瞬たりとも数を離れる事はできません。

一方、数は先天にも存在します。我々の肉眼で見えないミクロの世界に於いても、原子核の周囲を電子が複数飛び交ったり、＋と－の陰陽の世界が展開されるという現象は数を離れることはできません。炁さえも、実は一炁から発する六種類の炁が有り、それが後天の世界に向かって九過程を経て変化するという先天の数の世界が説かれています（太乙大道系統）。

先天の数の世界は、我々から観ると蔵している状態です。一つの物事の中に多数の因が蔵しているのと同様です。更に喩えれば、植物の種の様に可能性を蔵しています。正常な場合は、仁と謂われる状態になっています。仁は二人の文字で表わされるように、陰陽の因を蔵しているわけですね。けれど、種の中にも病原のような不都合な因も蔵しています。

通常の事象の中には当然、我々にとって好都合な因も不都合な因も両方隠れ潜んでいます。そして其れらが機の到来に由り発現してくるわけです。ですから、その蔵している時期に於いて、好都合な因を増幅して、より素晴らしい発現に導くことが可能です。或いは又、不都合な因に対して、何か対策を講じて結果を好都合に導くことも可能であるという道理です。

数の中で、人が変化させたい数、化す必要ありと思う数と言いますと、やはり直接的に生存や生活を脅かす数でしょう。

例えば疾病や老化に関する数は気掛かりですね。災刧に係わる数、仕事や環境条件における負の数も無視できません。既に起こっている、又は今にも起こりそうになっているそれらの数を少しでも軽減し、できれば消去し完全に解決したい、——それは我々の日常の関心事でもあります。「数を以て数を化す」は、新たな条件要因の数を設定して既存の不都合な数に対処する事です。例えば、借金の数を埋める為に他の所から其の数の金品を用意するような場合があります。けれど、丁度適当な条件で新たな数が設定できれば良いでしょうけれど、そうでなければ不都合な数を加算、或いは更に増幅させ、悪循環と謂われる状態に陥ります。

そのような悪循環状況では「数を以て数を化す」ために「機に応じる」というタイミングの問題ではなく、設定条件要素の問題になるでしょう。

では何故、其の機に適応すると曰われるのでしょうか?

先ず、何事の対策でも同様、全ての数は機に由り左右されるものです。理を変更する事はできません。けれど、機を制御する事は十分に可能です。機をコントロールできれば、理論的にも現実的にも、不都合な数を変換したり消去し、逆に好都合な数を増幅したり、或いは温存維持して様子を観ることも、時には飛躍的にジャンプさせることさえ可能になります。

けれど、この文では、技術的に機を操作するのではなく、機に応じると曰われます。その意味は、――そうです、もうお解りですね、先天炁功の自然の機を利用させて戴く、それだけです。それだけですが、その事こそが最も安全で完璧で効果的な方法であるはずです。

そこで、自然の数を得る為の方法を実践するのが修養であるわけです。何事も皆「一炁」に繋がる所がシンプルで簡単で、安心でもあります。

因《ちな》みに、道院の経典では時間にも距離にも、また状態の深さにも同様に「度《ど》」という単位が使われています。例えば、形坐を行う時間は四度から始めるのですが、一度は通常の四分ですので、四度は十六分になります。坐の深まる程度も三度になれば真丹の基礎ができる、六度で真人成丹、という具合です。天体間の距離なども度が基準単位になっています。

勿論、一回二回という時も一度二度です。覚えたり使うには便利ですが、前後の文脈から解釈しませんと判定しにくい場合もあります。

後天修養の数は、例えば気の平静の練習を始めて、その時間や日月の数が積み重なってきますね。その修養の成果とも言える数を以て炁功を促し、「理→機」の自然発生の数、即ち先天炁功に由る適正な数を自然に善化し、不適正な数の問題を解決する、そういう順序を踏むという事です。

したがって、その自然の数を得る為に、炁功発動の機に適応することが重要になります。そして機に適応する為に、じっと静かにして息を潜める如く待機する功候が不可欠になります。それは、タイミングを測るという事でもありますし、自己のエネルギーを蓄えるという事でもあり、同時に元霊に繋がる頭脳の判断力を劇的に高めるという事でもあるでしょう。

かの「潜竜用いる勿れ」のような状態が一つの模範であるわけです。

修養には常に「静か」という事が、基本中の基本として付いて回ります。経典の彼方此方にも「静」や「平」、「黙」の文字が盛んに登場します。「始めは平にして黙静にて終わる。則《しか》らば全陰は自《おのず》から能く全陽の炁胎に還《かえ》るのみ。（真経午―十一図）」と曰われます。この図は赤円中にリング状の白線が有り、「放心を求める者は」という御説明になっています。

放心とは、人心の識慮を放棄する、執着から解放される等の意味が普通でしょうが、静が極まり機が至れば、炁の充満（全陽状態）になり、更にその中心から光明を放散する、輝きを放つ心に成るということです。

「三大千界を超え得、味輪の縛を受けず、慾海の坎に困らざるは皆、習々して静を生じ、昷々して升を生じ、……（真経未―三）」という具合に、静の練習の大切さは、頻繁に繰り返し説かれています。

一日も一刻も早い結果を望むのは人情でしょうけれど、最初はともかく効果を求めず気の平静を求め、丁寧に心を鎮めましょう。その事が最も、目標に到る早道、近道になります。

そうです！　真境という心境は微妙な世界ですから、無風状態の湖面のように気がシーンと静まりかえり、胎息のように息を潜める状態に於いてのみ真実が感覚されるものです。荒々しい濁流のような気の波では到底、感知することは不可能です。けれど、「平」「黙」「静」の数が積算されてゆけば必ず、真霊の基が築かれて、感覚も微妙になり、微機に適応する事もできるでしょう。素晴らしい解決策が閃く事もあるでしょう。そして、行動に移すタイミングも亦、自ずから察知できるでしょう。

「数が除するには、必ず虚を仮りるべし。（午十七―十一）」とも曰われます。それは、虚に炁が入ってくるからです。その虚状態は、感覚的に作る事が可能ですが、特殊な操作をせずとも、気の平静によっても自然にできる事が理論的にも現実的にも確かめられています。

「刼は数を出ず、数は刼を離れず（真丑―一）」と曰われるように、刼も数と密接な関係にありますから、如何なる強烈な刼の問題も、理を踏まえて数を押さえれば、必ず解決する事が可能であるはずです。

常識的に考えても、問題解決に於いては、先ず現実の数を把握する事と、それが発生した理由、経緯、背景にある要素や条件等を的確に突き止めた上で対策を練る事が必要です。という道理は万人の知る所ですけれども、現実に最も困難な事は、要素や条件のデータが誤ったり揃わない事です。

現実の作業で、いくら有能な技術や高性能のコンピュータを駆使しても、入力する数字が一個違っただけで解析結果が違ってくるのが現実です。

「数が理を離れず、理が数を離れざるは、其れ『真機の自然』に在るや。数機の相合は、此の元始の一胞を守するに非ざる無し。（経髄天四―八）」と曰われます。天地の大一胞に相当する人身の一胞は「真中」になります。同文の続きに「真なる者は、動機の主宰なり。動機する者は、息々の自然なり。自然なる者は、囫圇の形体なり。囫圇なる者は、造化の元始なり。」

数の問題を真に解決するには、真に合理的な数を以てすべきです。

「刼を以て刼を化す」の意味はそれと逆の状況と言えます。

刼の基本概念は既にお分かりでしょう。刼とは人心が関与する不都合な状況ですね。そのような刼の主要因とも言うべき人心の利害損得の感情や不適正を改めずその侭持ちながら、或いは上辺《うわべ》だけ、その場逃れの対策を以て現実に起こっている災害等の刼を消化しようとすることです。

それが有効でないことは明らかでしょう。それどころか、傷の上に傷を付ける如く、刼の上に刼を重ね、「刼々において刼する」刼々状態に於いて更に複雑怪奇な刼を引き起こす、……と聞いても読者は別段驚かれないでしょう。いかにも現実世界に多発していそうな状況です。

それに由って得られるメリットがあるとすれば惟、反省の材料のみではないでしょうか？確かに具体的で悲惨なデータは沢山得られるでしょう。そのデータが将来に役立てられる事を願うと同時に、積極的な刼の改善、解決に向かって、自分にできそうな事から取りかかりたいものです。

「能く其の（真霊の）正を清し其の（人心の）惑を祛《きょ》（拭《ぬぐ》い去る）すれば、則《すなわ》ち刼々も不《ふ》懼《く》（懼《おそ》れず）。自《おのず》から能く無形に於いて悪を化す。（午二一六）」と説かれています。正を清するとは、一止状態の神経を澄ませ、その真霊の輝きを清く保つことです。惑とは後天の誘惑を起こす物事、ではなくて、その誘惑に自《みずか》ら乗る自己の人心の私的な欲求等を指します。

自己管理さえしていれば、刼が重なって猛威を振るってきても、懼れる必要は無い、という道理です。普通の管理状況では盲点もあるでしょうが、炁功の自然に法った状況では、そのように断言できます。それは、単なる気休めや信仰ではなく、炁功の自然に由り物理的に適正になるからです。

それは必ずしも、どんな刼が来ても絶対に難を逃れられるという意味ではありません。この鎮心経を唱える効果でもそうですが、必ず事態を好転させる事になる筈ですけれど、あまりにも刼の規模や威力が大きい場合は、完全に何事も無かったように消し去る事は困難です。惟、致命的な状況は必ず免れ、大難は小難に軽減されるでしょう。

どのような強烈な刼に直面しても懼れる必要が無い自信を持てるのは、自己の拠り所となるエネルギー体である真霊を完成して、それを維持する方法を十分に体得している場合のみでしょう。必要な時に、必要な所で、先天炁功が自然に作動される、そのように炁を味方に付けた場合にのみ、本当の安心安全な生活が可能になるでしょう。

けれど、そこまで修境が進歩しない段階でも、この鎮心経をお唱えすることで、取りあえず災難を回避することは可能であるはずです。

その事実は、読者の皆様ご自身で体験、体感して頂きたいと思います。特に、台風に関係する豪雨等の影響が、鎮心経を五～六遍お唱えした位でそれなりに軽減される事は、簡単に体験されると思います。但し、誠意を持って、公心を持って誦経した場合です。そうでないと、天地間の諸天や善神、精霊達が感応して協力して下さいません。経典（午六―十五）にも、

「神は誠に於り感ず、故に霊に応ず。神は黙に於り息す、故に化に於いて運す。感応の真旨にして、運化の功を測す。」とあります。

　この世界の付け焼き刃の方法で当面の難を逃れようとしますと、大抵は却って大変な事態を引き起こしたり、後々に面倒な課題を残すものです。けれども、鎮心経の場合は有難い事に、一時的に難を逃れるのみならず、その次に何をすべきかというアイディアを、誦経中に瞬間的に頂いたり、最善の因、縁、果に繋がってゆけるものです。

　何故かと言いますと、炁功の自然に繋がるからですね。そして又、それと同時に、自己個人のみならず、周囲に対して中和の機を発信するという、誠意を発するのと同様になり、その事が天地人の位育の主旨に叶うので、適正な仕事と見なされて大いに奨励される為、それに対するエネルギーが特に支給されることになる、という道理でしょう。

　ですから、読者の皆様も、この得難い御縁を機に、天地神明を意識して鎮心経を五～六編程お唱えする、心の中で十五編黙誦するだけでも、天地の繁栄のお手伝いが少しできる、という嬉しい状況になります。

　但し、それを自己評価して誇ることは無論NGで、所謂「上善水の若く」さらりと為すべきです。その恬淡が何より自分自身の為ですものね。

相静者動　相動者静　道慈功候　無非動静

相静者動《そうせいしゃどう》　相動者静《そうどうしゃせい》　道慈功候《どうじこうこう》　無非動静《むひどうせい》

相静なれば動し、相動なれば静す。道慈功候は、動静に非ざる無し。

ここの相《そう》とは、様相《ようそう》、姿《すがた》、有様《ありさま》ですね。相の文字は、木と目が対比している象で、感覚器官が有って対象を感知する様子から、その対象の様子、状況を相と呼ぶと考えられます。相通、相運の相も、相対的に、相互に、等の意味で共通する、又は最初の象から派生している用例でしょう。

相には、有相と無相とがあります。有相には、この後天の世界の、目に見え手に触れられる所謂三次元の物体としての形態を有する相もあり、又TVや映画などのように映像的に映し出される二次元的な相もあります。そして又、幽界とも呼ばれる我々の想像、イメージの世界の相もあります。想像は文字通り、相象に心と人がついていて、脳内で創作されます。

いずれの相も、静止している状態が永遠に続くわけではなく、静は必ず動に転じます。形体が壊れて崩れることも変化であり、静ではなく動です。そして、いつまでも動き続けるのでもなく、また静に至ります。

我々も、その道理の中に含まれて生きています。けれども、日常生活を続けるうちに、三次元の相を拠り所とする習慣が身に付き、目に見え手に触れる様相の物を実在する物であると感じ認識する習慣になっています。その習慣は、取りあえず便利で分かり易いので、益々その感覚と、それを感知する感覚器官を拠り所にして我々は日常生活を続けています。

その様子を、般若心経では「感覚の実体は本来皆『空《くう》』なのに、それをあたかも実在するかのように捉えている為に、苦悩が引き起こされる」というような意味の指摘が為されています。なるほど、と思っておられる方も多いでしょう。その深い淵に溺れて自害する人さえおられます。自己の安寧のために自害するという矛盾は、人心の無明から生じます。

空については後述しますので一寸置いて頂いて、感覚する、認識する、という現象について考えてみましょう。

生物が生きてゆくには、周囲の環境の中の情報を認識して、自分の栄養になる物を取り入れる、ということが必要不可欠であり、基本になります。

その為に、周囲に存在する物々に対して、自分の生存にとって如何なる物であるかを感覚器官を用いて知ることが何より大事な行動となります。機械の各種センサー類もその理と目的から研究され製作されていますね。

「基本的要求」という、心理学の古典的な言葉が思い出されます。全ての生物は、自己が生きるという事、自己保存を最優先にして、その為に必要な生理的要求に基づいて生きるという仕組みになっています。

自己の生存を最優先するという基本姿勢は、生物として当然のことで、決して不合理でも不謹慎でもありません。「衣食足りて礼節を知る」等とも謂われるように、自己の安全性の見通しを確保した上で初めて安心して、周囲に積極的、継続的な善功、慈行を及ぼす事が現実にできるものです。

大道の真理は決して、自己犠牲を肯定も奨励も美化もしていません。

勿論、多少の努力や精進は必要ですが、自己犠牲の感覚で努力する事は、基本的な道理に反し、効果的でもありません。内外功候のページでも申しました通り、内の充実を以て外へ慈行を展開し、そして又自己も進歩し、双方相《あい》まって改善されてゆくのですね。

その為の情報収集とも言える感覚器官の働きと、その情報である感覚は、正確というか、適正範囲内である事が重要になるでしょう。

それが、問題無く収集され活用されるには、超スーパーコンピュータの如き、非常に的確な知能に基づく収集システムであるか、それとも逆に、赤子の如き良知良能状態の心境か、どちらかであると考えられるでしょう。

ところが、この本で提案しますのは、そのどちらでもありません。崇高な大智恵の如く、かつ純粋な赤子の如く、という条件を同時に具足する無為自然の真息状態において、炁功自然の認識判断が簡単に為され、最適な結果を導くという道理のお話です。

それは、意識モードとしては般若波羅密とも関連してきます。けれども、竅を用いて自己のエネルギー的回復と充実、更に進化を実行するという、そこの所が独特で、簡易で、かつ真に実用的であるわけです。

基本的要求の話に戻りますが、心理学的実験結果に於いても、休息要求が他の全ての要求よりも最優先される事は知られています。

それは当然ですね、例えば猛烈な疲労や睡魔に襲われているような時は、どれ程の好物の食品や素晴らしい異性の存在を間近に認知したとしても、休息要求の方が優先するでしょう。

真息モードは当《まさ》に、その最優先の休息要求にも適応するものです。恍々惚々、若有若無、如々の真境ですね。安寧清明の中で微睡《まどろ》む感じです。「炁胞気一の楽は、天地間に何ぞ已《おわ》る時有《あ》ろう。（真経亥—二）」とも表現されています。自己の一炁胞に於いて真の休息を感じる気楽の極限、——それ以上の心地好さが宇宙にあるでしょうか、というような状態です。

そういう意味で、吾道の真息の修養は、修業するという事が大好きな、修業オタク達、自己啓発をする自分を気に入っている人々にとって最高に魅力的な方法であると同時に、極限までも幸福を求める人々、快楽を追求したい人々にとっても大いに適合すると言いますか、ニーズに応えることのできるものと言えるでしょう。

それ故、どの様な世界の、又はどの様な世界を志向されている衆生にも適応する修法として、お奨めできると思い、そして又、この修養を通じて、主義主張や趣味感覚、願望や目標の異なる衆生であっても相互理解し合う事が可能である筈、と感じて筆者は、この真息の修功をできるだけ多くの方達が会得される事を願ってＰＣに向かってきた訳です。

真息を会得する為の情報を引き続き色々な角度から提供してゆきたいと思いますので、その中からご自身の本心が「これは！」と感じられた事を記憶に留めて折に触れて思い出し、できれば習慣化に到るように実践練習される事を切にお奨めする次第です。

真息の心境の場合、相は有るとも言え、無いとも言えます。というより、相が有るか無いかを意識していない状態、或いは相の有る無いの両方とも感じながら大らかに容認している状態というのが近いかもしれません。

「有相無相《うそうむそう》、有形無形《ゆうけいむけい》。正炁の化する所は、忽焉《こつえん》と乃ち悜《さと》る。（午二十―七）」

「有形の若く、無形の若く、有色の若く、無色の若く（午十六―五）」とも説かれています。相と形は密接な関係にあります。例えば、歓喜の様相は口元の笑形に現われ、苦悩の相は眉間や目の表情に顕われます。

我々は普段、無意識のうちに、外形の奥にある心情の微妙な変化や兆候を情報として感じ取り、それに由り対人関係を築いています。そして相の表現が盛んな人と控え目な人、又それを感知する感覚が鋭敏な人と鈍感な人が居ることにも気付いています。

修養者としては、むやみにエネルギーを消耗せずに自然な表情を常とし、穏やかな微笑を湛えているのが宜しいのでは、とは筆者の感想ですけれど、その裏に心坐や真坐があれば、穏やかな中にも強さが、明快な中にも安定が表現される筈です。それは、真の自信が付いてくるからです。

又、相は功の結果の候でもあります。例えば、鏡の前で朗らかな表情を作って自分を励ますことや、成りたい様相を目標として壁に表示する等の工夫も、この世界の人生では有効でしょう。そして、最も効果的な事は、「若生若滅、若有若無なれば、何を以て相を為す。――乃ち虚運を有す。（午十―五）」と説かれる如く、真形の真相を実現する修養でしょう。

ここで、念のため申し添えたいのは、真形真相にも囚われない事です。真形の修養の場合、有相も有形も意識しない事が奨められます。けれど、無為の状態で自然に得られる形については、自然に肯定し、疑ったり否定しない事が肝要です。無相無形である事にも拘らないという意味です。後に出てきます「空」にも「至空」にも「至虚」にも拘らないことです。「有相無相なれば、囫圇は是《ここ》に澄す。（午八―一）」是《ここ》とは真霊完成予定地、即ち中央の真中《しんちゅう》の場所です。と、筆者が憶測して申すのでは決してなく、「是れ、天地、陰陽、造化、修養の主窔は、則ち心房君舎が存神し、斯《ここ》に外馳せざるのみ。（午十八―十二）」と曰われ、心君の住する所という表現が為されていますが、玄関奥窔、黄老に通じる同じ場所です。

感覚器官が相を感覚するという状態は、正常に情報が入ってくる候《こう》です。その状況に於いて有為の反応をしないのが真息モードの特徴です。それを有意識化せず操作せずの対応は、言い換えますと、微妙に対応しているという功候です。それは又、静の極とも、動の極とも言えるでしょう。

孔聖は「仁山智水」の義を発せられましたが、坎離の秘には言及されず、「静者は山を好み、智者は水を好む」というような一般解釈が為されます。山は静寂、水は流動の意味で、易では山は艮☶、水は坎☵で表わします。

「静者は惟《こ》れ山、仁者は寿を得る。安する所に於いて止し、……思は位を出ず。（鎮化宝―艮偈）」と有り、艮は安する所の基に神経を止して、山の如く静黙を守する故に仁を蔵し、それ故に寿命も当然延長されます。若《も》し真霊が完成すれば、永遠の生命にも繋がるという結論になります。

ところで、その道理の数が展開される過程を少し詳しく観察しますと、「水に於いて止する者、其の性は静。山に於いて止する者、其の性は動。静が動に於いて止し、動が静に於いて止するは『物極必反（物が極まれば必ず反転する）』の理なり。（午十七―二）」と曰われます。そして又、「其の動を知るには、当《まさ》に其の静を知るべきのみ。其の剛を知るには、当に其の柔を知るべきのみ。其の闢を知るには、当に其の闔を知るべきのみ。（午十一―十三）」と説かれ、ここにも極反の法則が観られます。

渓流や池で魚釣りする趣味人は、ノンビリした性格よりもせっかちな人が多いそうです。それは例のハシビロコウにも通ずる事かもしれません。じーっと機を窺い続ける時間が彼らにとって至福の時間でないとしても、彼らは多分、その習慣が良い又は必要であると感じる故に子孫に伝承しているのでしょう。動植物達は、自分に苦痛な条件を子孫に押しつけようとする行動は起こしません。所謂本能に正直に生きる故です。

真息が動静の極という意味は、その波動が超微細な波動状態である故に、動いていると言えない静の極でもあり、同時に超高速で振動しているとも言える状態であるからです。

「相が静なれば動し、相が動すれば静す」にはそのような反転する意味がありますし、又「動しようとすれば必ず先に静すべく、有しようとすれば必ず先に無とすべし（午二―十三）」という功が示唆されています。それは、真形真相を得ようとするならば先に、その功を操作する意識を無にするという事にも繋がります。

そういう状態を練習して体得する、その方向に努力しながら、道慈功候を実践してゆくことが、最も効果的で、自己の生命にとって誠である、という意味で「道慈功候は、動静に非ざる無し」即ち、道慈功候は、動静を管理する功候に外ならない、と曰われるわけですね。

「動にして静なる者は、是の炁を離れず。静にして動する者は、是の気を離れず。（経髄天三―一）」とも説かれています。

動静を管理するには、心神が動転したり躁急したりしていては管理できません。できる限り静粛にしてこそ、微妙な機が感得できるのです。

そのように、動静の管理とは、超微機の管理であるわけです。

「道を道とする者は、理なり。理を理とする者は、数なり。数を数とする者は、機なり。……天地の造化は、炁気が造化するのみ。吾身の造化も亦、炁気が造化するのみ。造は必ず、因を有し果を為す。方に能く自己の真霊を充し、其の基を自固すべきのみ。（未集経髄天集経尾）」

「修養功候は、自然に在り。道慈功行は、自主に在り。（経髄人四経跋尾）」とも謂われ、道慈はいつか誰かがするだろうと他人任せではなく、自らが主体性を以て行うべき事であるとされています。

何事でもそうですね、例えば廃品のリサイクルや地域の清掃などでも、他人を当てにしていては、環境世界は善くなってゆきませんね。まして、修養は自分が実践すればするだけ、自分に有形無形の得る所があるのですから、実践の機会に遭遇しながら見過ごすならば、本当に惜しいことです。

現実に頭が良い、性質が善い、体調が良い、運が好いなどは全て、自己の真霊の修養状態と元霊の回復状態に由り区分されるだけであるそうで、経典にも、「道の虚霊不昧と此の元充不散を体するに在りて区分するのみ。（真経未一二）」と説かれ、全てエネルギーだけの問題とも曰われます。

各人の運命は全て各々の日々の修養に由り決定されてゆきます。そして、その修養は、何時でも何処でも常に、気の平静と切り離せません。

渡人功行　亦必曰静　静機而化　運於輪幻

渡人功行《とじんこうこう》　亦必曰静《やくひつえっせい》　静機而化《せいきじか》　運於輪幻《うんおりんげん》

渡人功行も亦、必ず静を曰う。静機にして化し、輪幻において運す。

渡人功行とは、即ち周囲の人々、衆生を彼岸に渡《わた》す、安全な状況に導く慈行ですね。「内外功候」の所で触れました「内外功行」は、この渡人功行を指します。その功行も亦、必ず「静」を曰うべし。即ち、内なる気の平静を基本として外への働き掛けを行うべきであるという事です。

功候と功行の違いを再度明確にしておきましょう。功候の功は、働き、アクションで、候は状態を指します。ですから、功が為された結果として至った状態は候です。又、功を発動する以前やその瞬間や最中の状態も亦、候であるわけです。そして、功が有る所には必ず候が有ります。

又、どのような候にある場合も、修養に関する功を実行するか否かは、各修者自身の意志によって決定されるものです。功の現象自体は物理的ですが、それを行使する主体性は基本的に各自に委ねられています。それが「衆生を生する者も滅する者も衆生なり」と説かれる所以でしょう。

功行の功も、功候の功と同様に、自己が為す働きかけ、或いは物理的な何らかの作用です。行は行《おこな》い、行動《こうどう》で、行も自己の働きかけですけれど、功行の功と行の違いは、功が特に自己の内面的な修功を指すのに対して、行は外に対する行動を指します。故に功は内功、行は外行と呼ばれます。

内功は真坐を主とするので、「内功は坐、外行は慈」とも曰われます。「内功の炁が充するも、外行が不満なれば、以て修と言うに足らざるなり。内修外行、両不偏廃なれば、之を修と謂い始め、之を養と謂い始める。」と説かれ（午十六―八）、内功外候という表現より、内功外行の方が経典には多く登場し、外に対する積極性が奨励されています。

「内外偏せず」という御言葉は殆どこの坐功と慈行を指します。そこで、渡人功行とは、自己の真坐を主とする功を基として、周囲に慈悲の行動を起こしてゆく事です。積極的な渡人活動と言っても、真坐の静を重んじ、その静なる心境と感覚を基として、そこから自然に発動される慈行こそが炁功に叶った適正な慈行になるという道理です。己を渡し人を渡すのです。

即ち「内外偏せず」は、炁功の自然な発動に由って行動が適正になるという事と、自己の真霊をエネルギー的に充実させる事を基本の功として、その基、拠り所となる身体の中央に真霊、真丹を完成させる為です。

それに由り、自己の生命が真に輝ける状態になります。故に（十六―九）、「正命の功は惟、一静に在り。静にして之を求める。」とも説かれます。心境の静寂に由り、次第に炁が充凝してきて、エネルギー的に充実し、やがて機が至ります。機が至って化すのが、生命の拠り所真霊、真丹です。真霊の素材は、炁と気です。波動的に観れば先天と後天の中間辺りを、先天から後天へ炁から気に転じたり、後天から先天へ気から炁へ戻ったりという境界と曰われます。その波動の活性状態とも言える真霊は、形態的に観れば真円で、また役割的に観れば真丹と考えて誤りはないでしょう。そしてエネルギー的に観れば、炁のみの純精ではなくハイブリッド的な真精、と言うのが真実に近いでしょう。

その状態で「輪幻に於いて運」します。輪幻とは、自己の仮幻（後天の現身）のサイクルですね。この幻は、邪悪や偽物の意味ではありません。

惟、道理に於いては、常に炁あっての気、先天あっての後天ですから、後天の環境や道具は自己の進化の為に活用される事が最も奨励されます。

それ故に、この世界の生活を享受する事が否定される訳ではありませんけれども、仮幻の事物であるという認識を忘れずに、濁水に溺れず塵火に焼かれない事が賢明な生き方とされるわけです。

三観という言い方があります。三観は、空観、仮観、中観です。

空観については後述しますが、仮観は、簡単に言えば、この世界の物や現象を仮のものであると観る、という事です。どんなに実在している様に見えても、それらは永遠の存在ではありません。少しの時間、姿を保っているに過ぎません。炁から生じて炁に帰るものです。故に幻と呼びます。「其の幻影を仮り、以て吾の真を養す。(午三―十二)」とも曰われ、何度も申しますが、幻は悪ではなく、炁に帰るサイクルの中に一時期的に存在するものです。それは儚《はかな》いものと言えますが、そういう感情的な捉え方ではなく、適宜に活用する事が修養にとって有益でしょう。

一時的な幻象を借りて、永遠存続の可能性を有する真霊、即ち真の自己、真丹とも言えますが、それを修養するという事です。そして、その為にはどうすれば善いかを知り、実行して成果を得る、その事こそ有益です。「是れ、生物するは、之を幻するなり。造物するは之を泡するなり。蔵物するは、之を息するなり。殺物するは、之を虚するなり。形を幻し、影を泡し、炁を息し、機を虚す。以て化孕輪転し陶鋳渾噩すれば、至清の精は輪するや濁と為り、至濁の気は転するや清に復す。(午四―十五)」というサイクルの中で、修養を志す者は幻影を利用するわけです。

けれど、「幻に於いて惑すれば、その炁は凝せず。祟に於いて障すれば、その真は固せず。（午十三—二）」と説かれるように、やはりリスキーでもあります。祟《すい》とは、道語では身体的な怪我や病気などの不都合を指します。障《しょう》とは、神経的な問題を指します。

幻が即危険ではありませんけれど、後天仮幻の物や現象に関して不要な想像をしたり、そのイメージに囚われてしまうと、真霊の炁は凝固せず、不適正な行動を引き起こしたり、また無駄なエネルギー消耗に繋がるのは必至です。それ故に、幻惑として要注意とされているわけです。

「是の幻するや、皆自《みずか》ら幻するなり」、「幻する者が能く定すれば、則ち其の惑を用する所無きのみ。（午五—二）」とも説かれ、その続きの所には、「その心が正（正変に一止）すれば、その邪は自《おのず》から遠ざかり、その心が定すれば、その障（障害）は自《おのず》から除く。」と曰われ、更にその続きには、「身心の幻は、循環に於いて幻するも、太虚に於いて幻すること不能。」と説かれています。

至虚の境に成り、それが安定すれば、幻惑という現象は遠ざかります。至虚が虚の至り、極というニュアンスであるのに対して、太虚は包括的な広大な感じ、又太古の時代の如くという意味も含まれるようです。

また別のアプローチとして、「昰々を習する（午十三—二）」——それも亦適正な竅、主に玄関を用いて行うのですが、因々昰々と炁気が熟成される感覚を会得するように練習することも有効です。就寝前などの時間を利用して、できるだけ細かい微妙な気を感じると実行し易いでしょう。

重要な事ですので繰り返しますが、この世界の現象を楽しむこと自体は不謹慎な事ではありません。惟、それらの現象に一々振り回されて自己の大切なエネルギーの消耗ばかりが続いて、補充する適正で効果的な方法を知らず、知っても実行せずにいますと、必ず生物にとって不都合な意味の寂滅（完全に材料の世界に戻る）に帰してしまうという道理です。

勿論、それで構わない、若しくはその方が楽で好いと思われる方達は、努力して道理を理解する必要など有りませんし、修養に僅かな時間を割く必要もありません。川の流れに従って浮き沈みしながら周囲の風景や水音を楽しんで流されてゆけば、それはそれで好い人生かもしれません。

曾て、某先輩が若年の筆者に発せられた一言が思い出されます。それは「生きている者だけが、川の流れを遡《さかのぼ》っていけるんだよ。」

その一言は当時の筆者の心に重く、けれど暖かく染み渡るようでした。その方は道院関係の方ではありませんが、今も尊敬しております。

「人羣物分は皆、天が運するなり。生尅制化も亦、天が運するなり。魔惑欲障は天の運に非ざるなり。争攘貪戻も天の運に非ざるなり。能く天運の正に乎いて行して、惑欲の障を袪すれば、則ち吾身の運は天の運に即し、吾炁の息は天の息に即す。（午五―十五）」と説かれています。

本書の最初の方で災刼のことに触れましたが、人心の不正不適、そして人知の不備不宜は、決して対岸の火事ではありません、現実の問題です。例を揚げるのも悲しいですけれど、原発の汚染水問題などは延々と将来も引き続いて莫大な経費を要する研究や設備、それに関連する危険な仕事の雇用を生み出すようです。

この世界の様々な悲惨な状況を、直接間接に見聞きするのは苦痛です。ストレスの原因にもなります。善良な人ほど心を痛め気を病むでしょう。問題を解決すべく積極的に動くには、智恵も体力も忍耐も必要でしょう。という事もあって、本書は善良な良識的な人達のストレスを軽減して応援したい意味と、大道の真理に触れて智者が更に素晴らしい智恵を得られ、坐功に由って気力体力の基となる真霊を養って頂ければとも思う訳です。

体力や技能に自信の無い年配者、療養中の方達にも是非、この鎮心経の唱和に由って、周囲の気を整える活躍をして頂ければと思っております。

その第一歩は、とにもかくにも気の平静の練習、習慣化です。「一炁の生するは、一道の系する所。一化の息するは、一道の宗する所。是に静が真系すれば皆、吾道に由りて生する者なり。（午十四―二）」とも説かれています。「是に静が系すれば」の是《ここ》の場所は、中央玄関の竅です。その真霊の基である真中ですね。是を用いて、心と神経を静かに安定する、その功によって頭上から炁の霊光が線的に導かれる事になります。「天地の大は、之を静系するのみ。河海の広も、之を静系するのみ。」と曰われ、人身の小天地に於いても同様に、平から静してラインを繋ぐことが必要です。黙という事の重みが再認識されてきますね。「天道無言なれば、四序五行は、その運を合するのみ。地道無言なれば、動植潜躍は、その生を合するのみ。人道無言なれば、黙息運転は、その揆《き》を合するのみ。」又、「自修は、乃ち黙す。黙すれば、則ち炁が充す。」とも説かれています（午十四―三）。揆は機に通じます。

人身の天地に於いても、四序五行の運行が順調になり、動植潜物の活躍即ち免疫関係の細胞達や腸内の微生物も適正に活躍するようになります。それは健康状態が良好になるという事に外なりません。そうなるのも皆、当人の気が適正な平、静、黙をできるか否かに掛かっていると曰われます。

中心の一基に於いて平静黙を保てば機が自然に化し、後天輪幻に於いて数を運します。そして輪幻は順調に不適正な箇所を回復してゆき、適正に後天の良好な状態を展開することができるという意味です。それもやはり、中心あっての全体という構図になります。

「内外功行は、育化を以て之を論すれば皆、一炁が定するなり。……化育の妙に乎《よ》り正すれば、則ち四時の序、五行の運、六合の輪、九宮の転も皆、因々畾々……の中に従りて其の基を立するのみ。（午十七—二）」とも説かれています。四時は春夏秋冬の四季ですね。五行は木火土金水に分類される各種の働きで、例えば木に属するのは目、肝、筋、酸などです。六合《りくごう》は四方と上下を合わせた世界、九宮は八方と中心のエリアを指します。

　ところで、この現代社会人の多くは、活動的な事を善い状況と思ったり、活発な人を体調が好いとか、能力的に優れていると感じやすいようです。確かに、幼児が走り回って遊んでいる姿などは元気そうで微笑ましいです。けれど、逆に彼らは体調が急変する場合も見かけます。活発な外観は必ず良い状態とは断定できません。それは何故でしょうか？

「活が一誤すれば、……万体は倶《とも》に挫す。（真申—一）」と曰われます。活発に見える時は、外に向って内のエネルギーを放出している状態です。

若し放出ばかりで補充する事が無ければ、枯渇してしまうでしょう。内をある程度充実した上で有意義な放散をするのは慈活動ですが、内の蓄えも乏しく、供給方法も確立せずに外へ活動するならば、自己や周囲に誠する事にはなりません。それ故に、自己管理の意味で活を制御するためにも、静を基にする修養が欠かせないわけです。

そうして静が進むと、息々状態が訪れます。息々《そくそく》とは炁息と気息、即ち先天炁も後天気も共に安息するという状態です。かの輪廻陶鋳を脱するのも亦、息々の功候であると曰われます。

「輪因より免れるは、息々の功用なり。息々を通するは、坐息の功候なり。此の坐息を守する者は、堅静の自然なり。（経髄天四―九―九）」

「生物の始、本は障濁無く、本は悪欲無く、本は惑私無く、本は祟魔無し。而して、濁気の入るや、陰陽潜伏の際に在らずして、胞胎授形の時に在り。（午十二―六）」とあります。

その微妙な時点で「至精至純至性を養して霊と命を賦すれば、性の悪者、精の祟者、霊の濁者も皆、其の侵擾を去る可し。」と説かれています。

ですから、その微妙な潜伏状態を再現して自己の霊を修正する、というのが大道の真修であるとも言えるわけです。

修持有定　気化靡常　修於自然　化於当然

修持《しゅうじ》有定《ゆうてい》　気化《きか》靡常《みじょう》　修於《しゅうお》自然《しぜん》　化於《かお》当然《とうぜん》

修持は定を有し、気化は靡常《みじょう》。自然において修し、当然において化す。

修は継続する事が必要で、継続するからこそ真霊が完成するわけです。そして又、継続するためには、適当な竅を拠り所として特定する事に由り具体性が得られ、意識が安定できるものです。若し、炁気の意味も解らず竅の場所も知らず漠然と静かにするのであれば、現実として苦痛になり、持続し難くなるでしょう。

そして自身の竅を用いませんと、いくら長期間努力を続けても、真霊や真丹など完成することは期待できません。ですから、修を持続させるために一定の基を有するという事は必要不可欠になります。

又、修が一定を有して持続できれば、必ずや効果が訪れてくる筈です。「修持有定」にはその両方の意味がある、と解釈すると実践的でしょう。「人の修するや、必ず真旨を有すべし。真旨は何を云う、——炁を養う、それのみ。（午十三—六）」と説かれています。要は炁を養うのみです。

どれ程理論的に素晴らしい事を知っていても披露しても、先天炁を自己の真霊として確保しませんと、健康状態さえ持続できにくいでしょう。先天のエネルギーを保養するという事が修養の真の主旨です。そして、その目標に向かう為の方法を、個体差はあるでしょうけれど自己自身が、ある程度継続的に実践してこそ結果に到れるものです。

修功が安定するという事は、未だ真霊や真丹が完成はしていなくても、一応の拠り所となる真霊の完成予定エリア（中真と謂い、中央玄関の場所）が感覚的に安定するという状態です。その状態は、経典（真経申―一）では、「中真恬定」と呼ばれています。意識感覚的に言えば、ちょうど中央の所で真霊のエネルギーが安定し蓄えられてゆく、そういう状態です。

真霊の発生過程から言いますと、真霊の基となるコアとも言うべきもの、「真中」が修功の持続に由って安定するという状態です。

真中《しんちゅう》は、何度も繰り返す程、善く理解して頂きたい重要事項です。「真中は炁胞の子なり。（真経丑―一二）」と注釈されています。そして又、その真中を拠り所として、自然に真炁を定する所以について（午十三―一）、「是れ、吾道の定するや、無声に於いて定す。無形に於いて定す。無色に於いて定す。無臭に於いて定す」とも説かれています。

真中はそのように、修養にとって超特殊なツールであるとも言えます。気（意識）を中真の場所にある程度の期間ふんわりと置いているだけでも、真中は発生する事が可能で、その様な実例も有ります。昔の道院関係者は下丹田を鍛える様な錬功を長期間積んでいる場合が少なくなかったので、臍下の気海に充実した気の中で、炁に近い微細な粒の気が上昇して中真の所で溜まり真中と為ることも多かったようです。

その場合、微細な気粒が上昇する現象に直接関与しているのが、上昇をしようとする上昇指向神経で、それが魂魄のうちの魂ですが、特に魂清と呼ばれます。それ故、魂清真中《こんせいしんちゅう》と続けて曰われる事も多いようです。

中真は真中ができる特別の場所なので、自然に凝固が起こるわけです。「気化は靡常《みじょう》」の気化は、炁が気に化す、先天から後天に化す現象です。気が炁に変化する場合は、気が化すとは言わず、気が炁に帰ると謂います。炁から気が化す気化の現象は、炁功の自然に従う適正な変化であっても、後天世界において展開される限り、靡常、即ち諸行無常の無常と同様に、常ならず、恒久的なものではなく絶え間なく変化しているものです。

勿論それは否定的な意味ではなく、文学的な意味でもなく、ただ物理的にそういう現象であるという意味です。

但し、その諸現象が無常である事を良く認識して、そのつもりで後天の環境や環境事物を利用活用して修養する事が必要です。何故なら、後天の善し悪し、好き嫌い、損得、遅い早い等に振り回されない事が固有の自己を確立するためには必要不可欠であるからです。

そのようにして、諸現象に振り回されず、無為自然に於いて修功する、また炁功の自然に於いて修功するならば、物理的当然に於いて化します。当然に於いて化するとは、炁功の自然が後天人心に由って人為的妨害をされない状況であれば、理がそのまま数に及び、理数の当然が後天世界に展開されるわけで、予定通り順調に適正に化す、ということです。

当然というのは、当《まさ》にそう成るべくして成る、当《あ》たり前《まえ》という事です。

そのように、修養の炁功の自然に由って化されるものは、自己の真霊、真丹もそうでしょう。身体の疾病等の問題箇所が改善される現象としても現われてくるでしょう。周囲の人心が教化されるという事もあるでしょう。そして又、この鎮心経の一つの目標でもあります、世界の刧が弭化されるという事にも当然繋がってまいります。

それらは皆、自然の修、炁功の自然を修養する真修に由れば、無理なく当然の結果として、この後天現象の世界に顕われてくるものです。

「自然功候は、強制を加えず、思索を力《つと》めず、静しようとすれば静に任し、動しようとすれば、動に任す。（午一―六）」と説かれ、又（経髄人三―五）「後天に在りと雖も亦、先天の如く先後天不分なれば、乃ち囫圇と云う。」とも説かれています。先天と後天の中間という境、即ち「如々の真境」が、修養における全ての基になります。

この「先後天不分」とは、具体的には身体の適当な竅（主に玄関ですが）に意識を静かに軽く置いて心を安定させる、その定番の心坐方法に於いて得られる候です。動静の微妙な機を感じる神経感覚はしっかりと覚醒していなくてはなりませんが、操作する意識、あれこれ思考判断する有意識は炁功の自然と気候の当然にとって邪魔になります。真の功候に由りますと、先後天は息々モードにおいて自然に分し、当然に合する事になります。「心身の界輪は後天に在りと雖も、而して息々《そくそく》が主を為せば仍《なお》、是れ先天。」（経髄人四―三）と曰われるように、人の心身は真坐の修養に由って特種な境域に達することが可能であるわけです。それは後天身を用いた修養には違いありませんが、後天気に属する神経を用いて先天炁功を修するのです。後天気を修するのも善い事ではありますが、それだけでは飛躍的進化には到りません。それが、既成の修養方法と根本的に異なる所以です。

「先後天を合するは、充養の旨。而して後、吾《われ》が吾《われ》の炁を固し、吾が吾の霊を凝し、吾が吾の精を孕し、吾が吾の神を存し、静息を以てして任督に乎いて通し、夾脊に乎いて輸し、泥丸に於いて運し、尾閭に乎いて潜す。吾の玄牝の真を守するを以て吾の黄庭の奥を定す。一鑪一冶、丹充自固、道の真境に入るのみ。(午四—八)」と説かれています。

簡単に言ってしまいますと、炁(光波としては霊)が真霊として充凝し、元霊を回復する、その功候が修養の全てです。その後、自然にその両方が合して一個の大霊体として自己の本心、元神の拠り所となれば、修養するという努力も必要なくなると謂われています。惟息々と心地好く暮らしてゆくだけです。そして、そのように存在するだけで、天地宇宙の役に立ちながら、自己は何の苦労も無くダメージも無く、活躍する事と休息する事が同時にできてしまう、有り得ない夢のような結果が当然訪れるでしょう。

ここで特にお願いしたい事は、その夢のような未来が決して荒唐無稽な事ではなく、又それに向かう修功が困難を極める苦行でもなくて、普通の人が志堅と心誠さえあれば、現実に実現可能なことである、――そういう認識を持って戴きたいという事です。

ともかく百日間でもトライしてみられます様、切にお奨めいたします。

「自然の功は救世弭刧を為す。以て存を言うや、則ち自然に於いて存す。以て化を言うや、則ち自然に於いて化す。自然の坐、自然の息、是《こ》の坐が是《ここ》に存し、是《こ》の息《そく》が是《ここ》に化す。（午十四—一）」と説かれています。「是の」とは自然に於いて存し自然に於いて化す「この」という事ですね。「是に」とは適正な変に於いてという意味でしょう。と解釈すると具体的で実用的になるでしょう。

その「存するもの」は、自己固有の真霊の基ですね。「化すべきもの」は、本来ではない不自然な災刧であり、又本来可能性を有する自己自身の真霊、真丹、そして更に、多くの衆生の真霊、真丹でしょう。

炁功の自然に由りますと、不都合不適正な物事として無くすべく化する場合と、必要な物、素晴らしい事であるから得る為に化す事、その双方の化が頭脳を駆使して努力しなくても、時間は掛かるにしても無理なく実現するという所が、実に好都合であり、有り難い極みです。

そこには又、内外功行を片寄らず、という事も繋がってまいりますが、それも又、修養に於ける楽しみな過程であると、常に常にポジティブ感覚でまいりましょう。そして穏やかに静かにしている事が何よりの基本修功になるわけです。

「先天を修するは自然に乎いて修す。後天を養するは無為に於いて養す。自然が化すれば、育せざる所無く、適せざる所無く、動せざる所無く、説《えつ》（悦）せざる所無し。無為が生すれば、静せざる所無く、止《し》せざる所無く、平せざる所無く、固せざる所無し。（午二十―四）」とも説かれます。このような簡単で楽な修が我々にできない筈はありません。

「自然とは其の静に自《よ》りて、虚に於いて適然たる者なり。（経髄人三―一）」「化炁の功は静堅に在り、化気の候は虚適に在り。（経髄人三―二）」等とも説かれています。そうです、自然に楽に修する練習を少しは熱心にせねばなりません。不適正な癖が無くなって適正な習慣が身に付くまでの努力は当然のことながら必要です。

ですから、炁功の自然を練習する場合に、強制的に偏《へん》な癖を矯正するという事も必要です。自己の悪習慣は自己が矯正しなくてはなりません。けれどその場合も、無理やり強制するのではなく、「強制の功は必ず、中（中真、中虚）を温存するを以て強制して之《ゆ》くべし。則《しか》らば其の功は乃ち適す。否《いな》なれば則ち、但《ただ》念意を約するに足らざるのみならず、反って心霊を損傷するに足る。（坐釈法言中元―三十六　孚聖註）」と曰われます。

強制の功も亦、急がず楽しみながら取り組む事が安全で近道です。

天眼天耳　是曰色空

天眼天耳《てんげんてんに》　是曰色空《しえつしきくう》

天眼天耳は、是《これ》色空を曰《い》う。

仏教の天眼天耳につきましては、織田仏教大辞典に依りますとそれぞれ、「色界天趣の清浄の四大を以て造れる眼根を以て遠近粗細の形色及び六道衆生の死此生彼を知りて通達無礙なるもの……修得と報得の二種あり。」「色界の諸天人の有する耳根にして、能く六道衆生の語言及び遠近麁細《そさい》の一切の音声を聞き得るもの。色界所属の清浄の四大より成るなり。」と、色界の天人の機能で、仏陀の天眼通《てんげんつう》、天耳通《てんにつう》と同様ではありません。

この鎮心経で曰われる天眼天耳は、真霊の修養に由って得られる真人の機能で、能力的には諸天界ではなく、仏陀の通力《つうりき》の方が近いでしょう。

炁功の修養に由る天眼天耳は、天目天耳《てんもくてんじ》と謂います。先天炁の世界から視覚的聴覚的情報を得る能力という意味と解釈すると解り易いでしょう。それらは、普通人から見れば超能力的な通力ですが、自然の修養に由れば、当然の結果として身に付くと謂われています。

そしてそれらは、得ようと意識努力して得られるものではありません。それらが訪れた時は、修養が完成段階へと順調に進んでいる証拠でもありますから勿論めでたい事ではありますけれど、得意になり自慢するような状態でもない、と今の内から認識しておくのが賢明でしょう。

現実は、僅かな進退に一喜一憂するような状態を遥かに過ぎて、無為に炁功の自然を修する人々だけが得られるものである、という道理です。

天目が発動し始める経緯は、道院の経典の幾つかに説かれています。

少し専門的になりますが、通常は、天目が開始する前に陰目というのが開始するという順序になるそうです。慌てず急がず説明をお読み下さい。

「七通して後に陰目が開す。陰目が開して後に陽体が回す。陽体が回して後に、真炁が上り天目に上被す。（真経戌—二）」とあり、又解説の所に、この七通が経（経脈）である由と、陰目の発生する場所が人体の気海、下丹である由が説かれています。被《ひ》とは、尖《せん》に対する被で、尖が局所集中的に気が来るのに対し、ふんわりと広がる感じで気が行き渡る状態を指します。

「天目が可く被すれば、則ち山川草木、日月雨露は、照するや、臨するや、墜するや、潤するや、生するや、長するや、流するや、聳するや。……」

と素晴しい天然の情景が目前に展開されると説かれています。

ところで、太極の象をご存じでしょう。☯こんな感じですね。

ＰＣのワードに標準装備されているほど有名で、結構親しまれています。けれど、白と黒の目のような小丸が何を表わすのか深く考える事も無く、詳しい説明を見聞きする機会も無く、ただ白と黒のシンプルな反転図形がデザイン的に美しい、と筆者は長い間漠然と思っていました。その意味を知ったのは、道院の経典を実用的に研修するようになってからです。◯内の白黒素地も白黒小丸も、陰陽の関係にある事は見て取れますね。この◯を人体とすると、常識的に上半身が白で下半身が黒に相当します。そして、人体に於いて白黒小丸が対応する場所は、黒小丸が頭部の中心の泥丸、それは炁が溜まるという意味で炁海とも謂います。それが白い素地の中の黒小丸ですね。白小丸の方は、炁海に対する気海、臍下腹部に位置します。それが黒い素地の中の白小丸という事になります。

ここで注意すべきは、天目と陰目が対応しているのではないことです。陰目は陽体と対応します。従って、この小丸は陽体と陰目に相当します。天目の説明から面倒な話になってきたと思わないで下さい。これは重要で、かつ一度理解さえすれば多分忘れない種類の事でしょう。

陰目と陽体とは何でしょうか？　——経典（道邃正経真華——一章）には、

「陰目とは、性の真素なり。」、「陽体とは、精の真空なり。」と説かれ、「陰目の開(開始)、陽体の回(回復)は、無形にして見るに於いて可(可能)となる。」と説かれます。この「無形にして見る」という事が非常に重要で、後の文の「非色非声」、「寓乎至空」とも係わってきます。

気海の中心にある陰目が「性の真素」と曰われる理由は、中央の真霊の安定に由り、天性の自所である炁海の元霊から中央を通って気海まで到る一線が連結する故に、天性の質に繫がる陰目が形成されるということです。

一方、炁海の中心にできる陽体は、回するという表現をされるように、元精の純清を回復すると言える純粋な炁体です。気海から魂清が上昇して到達した炁海に於いて純粋な真精として安定するという事は、現実の人身の頭脳中に先天の境界が装備されるという事になります。更に換言すれば炁海の管轄下に真空のエネルギー基ができるという道理になります。

通常の後天身体では、性質は頭部に於いて発揮されますね。そして身体の栄養状態や持久力等の基となるのは下丹田で代表される臍下気海という分担になっています。それが陰目と陽体ができますと、陰目は気海に存在しながら自霊の性質と繫がり、陽体は炁海に存在しながら自霊の至精を発することになります。

天目は、発生の順序から言いますと、その両者が開いた後に祖竅《そきょう》の所に発生するものです。祖竅は「先天一系の蘊する所」と曰われ（午二十二―六）、「視れば見えず、聴けば聞こえず、尋ねれば得られず。」のツールです。

ではどうすれば見聞会得できるのか、という事になりますと、「似明似昧、若有若無、先陽の潜に於いて合し、純陰の伏に於いて合す。」と説かれ、即ち陰陽潜伏の功候（神経感覚が竅に於いて静を守し、妄念識慮を働かせない状態を保つ）に由って真霊を蘊し、真神を存し、真炁を凝し、真息を定してゆくと「入して自得せざること無し」と曰われます。

祖竅は眉間の所謂《いわゆる》アジナーチャクラと同じ場所と考えて良いでしょう。彫塑の仏像などで、眉間の所に水晶を付けたりして表現してありますね。けれど天目という物体が発生するのではなく、そういう機能を指します。それは天耳も同様です。天耳については順次お話ししてゆきます。

天目の機能を実際に発現するのは祖竅です。が、天目の機能の元となるエネルギー体とも言うべき炁の状態は泥丸炁海の陽体にあるわけです。

その陰目と天目が開始されるためには更に遡って「天腹」という状態が出来る必要があります。天腹とは聞き慣れないかもしれませんが、場所はお馴染みの玄関黄庭の所で、真霊の基に炁を凝固する話に繋がります。

それ故に「天目は玄竅に於いて之を尋し、天耳は根閻に於いて之を覚す。（午十八―十四慧地註）」と説かれ、天耳の方が時間的行程的に後になり、「天目の正充を以てして反視反観し、以て天耳の聴に及ぶや、而して其の聴を反するのみ。（午十八―十五）」と曰われます。この反は反復の義です。「老陽純金が中虚一画し、陽が陰を生じるの證と為る。……陽充して後、一陰の機が無形に乎いて生して万化の主と為るのみ。故に、陽中に寓陰し、乃ち能く天腹を明す。天腹が虚由りして実を充し、始めて能く天目の開を明す。（午十八―十三）」と説かれます。それは中心の心房の辺りですから、腹と言うより胸ですが、胎児を孕育する如く真霊の胎を孕育する所で且《か》つその奥は先天に連結するので、天の腹と曰われると納得できますね。

　このように天目も天耳も、巷の霊能力者と呼ばれる人達が常人に見聞きできない物事を感知するとか、そういう能力とは又基本的に別のもので、必ず中央の真霊の基を修得する事に由って得られるものです。

　玄関を用いる修養功候のみを永遠に持続する必要などありません。その場所を用いて、ともかく先に真霊の基を立して真霊を完成させてゆく事、それと共に元霊を回復して、やがて全体的に安定した自己としての自立を果たすという手順を、急がず丁寧に踏むことが必要なだけです。

守窔する場所も、大切な胎児の如き真霊が最も楽な状態である事を思い、その時々に本心と元神の感覚を窺って適宜に変化させて問題ありません。元頂にふんわりと意識を置くのも心地好いですし危険の無い功でしょう。勿論ジィーッと静かに玄関に居たい時は、そうする事が最善になります。「曇花《どんげ》一現、伽尼《かに》の悟る所。白駒過隙、老聃《ろうたん》の宗。（午三―四）」の曇花は優曇華《うどんげ》です。真霊の出現を表わしていると取るのが自然でしょう。白駒が隙間《すきま》を通過するとは、炁光が白線状に頭上から顔前を降りて中虚に入ってゆく様子そのものでしょう。伽尼は釈尊、老聃は太上老君（老子）ですね。ところで、この功候に到った時の注意点としては「必ず其の至正を以て息すべきである」と曰われています。即ち守窔心坐の一止に由って炁功の自然が発動されるようにする事ですね。それならリスクは全くありません。将来の安全性のために、しっかり記憶に留めておいて下さい。

本当に天目天耳、天眼天耳が得られる頃には心神が安定して自己の真霊が完成に近くなっている状態でしょうから、愚かな慢心などは有り得ないはずなのですが、完成間近という頃が最も要注意と謂われています。くれぐれも狂喜や興奮、或いは狼狽することの無いよう、慎重に丁寧に修功して、気の平静を忘れないようにしたいものです。

空中之色　不離乎目　空中之声　不離乎耳

空中之色《くうちゅうししき》　不離乎目《ふりこもく》　空中之声《くうちゅうししょう》　不離乎耳《ふりこじ》

空中の色は目を離れず、空中の声は耳を離れず。

空中の色、空中の声の「空」は大別して二種類の異なる意味があります。その一つは、心理的と言いますか、意識が空状態になっているという意味です。又もう一つは、物理的に空と言える状態ができている場合です。

したがって、「空中」は、空状態の意識の中という意味と、物理的に空になっている場所の中という意味と両方あります。絵空事《えそらごと》の空は論外です。

心理的でも物理的でも共通することは、その空状態が、何物も無い空、空虚ではなくて、虚の存在に由ってできた空であれば、そこに炁が入ってくるという認識が重要です。そうでなければ、修養の実用性が有りません。

道の修養に於いては、心の虚、性の虚を修練して、その虚の中にできる空間に炁を容れる、簡単に言えばそれだけですが、その場合、虚を感じて設定する道具として活躍するのは神経です。神経感覚に由って虚を感じ、そして炁を無理なく充凝して、炁功を自然発生させるわけですね。

虚の感覚が上手くできない場合でも、例の「平」から始めて、「黙」「静」に移行してゆく段階を踏めば、静から必ず虚ができ、虚ができれば自動的に空ができるはずですから、結果としては全く問題はありません。

その炁功の発生を常に永続的に保つには、その基を確立する必要があります。それが真霊ですね。真霊は虚霊とも呼ばれます。それは真霊が虚の感覚に由って保たれるからで、真霊が良好な状態にある事を「虚霊不昧《きょれいふまい》」と曰われます。不昧とは、消耗劣化して暗くなってゆかないという意味です。

ですから、感覚的な虚が実用的な空を発生させる、とも言えるでしょう。「炁功は神を仮りて行う」と曰われる所以です。そうなると、心理的でもありますし物理的でもあるでしょう。元々炁は、全ての現象の基ですから、心理現象も炁の存在を離れては有り得ない道理です。

更に言いますと、虚も空も有無が有っての虚と空です。虚の有があって、空の有があるわけで、非生産的な虚無からは何も生じません。

若し、有無の存在さえも否定し、有無を生じる因も無いとするならば、その論理も存在できなくなります。その理由は、若し道が存在せず、炁功も存在しないとすれば、全ての存在が否定され、その設問を為す者、為す事自体が存在できなくなるからです。

有無は、炁気に由り決定されます。と言うより、何も存在しない所から有ができる事はあり得ないという定理がなければ、この世界は存在し且つ秩序を保つ事ができません。けれども、無としか言えない物と有と言える物が有る事は確かです。そこで、無としか言えない物を炁と仮に名付け、有と呼べる物の代表を気と仮に名付けているという事です。

その名付けた人は多分、元々の親である老祖様に繋がる、過去の聖賢達でしょう。そうであるからこそ、その名称が道院関係のフーチでも伝統的に通用しているのだと思われます。若し不適正な名称ならば、削除される又は変更される筈です。というわけで、炁気を先天と後天の基としますと、「その炁と気の変換が起こる時空間」が必ず存在する筈です。その境界を先後合天の真境と、これも亦名付けてあるのですね。故に、その真境は、有無をコントロールする次元であるとも言えるでしょう。

この後天世界は陰陽で成り立っています。後天の世界に於いて、後天の身体を用いて適正に生きようとすれば、陰陽をコントロールする事が鍵になります。その陰陽は、どうして生じるかと言えば、動静に由って生じるのですね。静極して動するという法則性によって、静なる物と動する物という相対的関係が生じます。それが陰陽の始まりの基本パターンです。

それ故に、陰陽をコントロールするには、動静を押さえれば良い訳で、その動静をコントロールするには、至静を押さえれば宜しいのですね。そして更に、有無をコントロールするには、という問題になりますが、我々修者は、生命の有を前提にして出発しています。そして有無は炁気の問題です。炁気が有るか無いかという設問は実用的意味がありません。又、後天気を用いて有無自体の発生をコントロールする事は、不可能で実益もありません。故に修養は、動静のコントロールが最要点になります。

即ち、静極に近い所に意識を常住させると、自然に炁気をコントロールする事が可能であるので、有無をコントロールできるのと同様になります。

その意識安定の基地を身体に於いて設定して恒久に自然に安定させる、その手順として先ずは身体の胸の辺りに気の平静を感じる事から練習実践して、安全に目標に向かうのが、心坐の修養であるわけです。

従って、修養に由り空中の色や空中の声が得られた場合も、それが正色正声であるとしても、それに拘ることは識慮の空に反する事になります。又、後天現実の感覚器官と感覚を無視したり否定して粗末にする事も適正ではありません。感覚器官も後天気の得難い作品であり、後天の情報収集に必要かつ便利な道具であるのは確かです。

そういう意味でも、自己の後天の身体を調え、感覚器官の機能が十分に発揮できるようにする事は、修養にとっても慈行を布するにも重要です。故にとりあえず、その為の必要最少限の医学的な知識等も必要でしょう。とりあえずと言いますのは、真息状態の真人になれば自然に、その時々に必要な行動を発する事ができ、薬物の作用をする物質なども適宜に体内で合成されたりすると聞いております。

そういう段階になるまでは、やはり日常の食習慣にも留意したりして、体調管理の為の適度な運動等も意識的に行うことが有益でしょう。筆者も、野菜と果物中心の食事を続けております。そしてストレッチや軽い運動を、心坐、真坐の練習も兼ねて毎日行うようにしております。そうしますと、先天と後天、道と器の感覚が鋭敏になり、その中間で寛ぐのが楽しくなり、好循環を保っていられるように実感いたします。

そして、身体の竅を用いますので、その意味でも後天の体調を整備して、感覚器官にも磨きを掛けることは疎かにできないでしょう。

このように、後天身体とその感覚器官を離れては、効果的な真境の修養はできません。そういう意味で、空中の色は、現身の目と無関係ではなく、空中の声も、現身の耳と密接な相互関係にあるはずでしょう。それが、

「空中の色は目を離れず、空中の声は耳を離れず」という表現でしょう。

現実に、そういう道理を踏まえた上で虚心を修しますと、必ずや効果も上がってくるでしょう。そして又、鎮心を意識するという事は、その虚心に向かう最短の近道とも言えます。

「己《おのれ》の魔を鎮せずば、魔は何ぞ能く降《こう》す。己の悪を鎮せずば、悪は何ぞ能く弭《や》む。己の非を鎮せずば、非は何ぞ能く泯《ほろ》ぶ。己の惑《わく》を鎮せずば、惑は何ぞ能く解す。己の私《し》（私心、私利私欲など）を鎮せずば、私は何ぞ能く去る。己の乱を鎮せずば、乱は何ぞ能く平す。（午三―十五）」とも曰われます。自己の内、即ち己の心を鎮する事が先決問題です。

大道は常に「至虚」を基本バージョンとして存在しています。その事が、大道と炁とが一体不離である所以です。

空に色が寓するのは、虚の中の空に収納された炁が十分に凝固されて、気に変化する機が生じて、後天色声の世界が展開される、ということです。

その様な現象の有無を認識するにも、現象の動静を観察するにも、後天の身体機能が整備されていてこそ、微妙な感覚が発揮できるのでしょう。

そして、その場合の身体の竅の観察も、後天の感覚器官である目を使い、その視力を内に収して、主に玄関の竅等を視るわけです。

同様に、空中に声を寓する時も、外界へ注意が流れているのを内に返し、内なる声に耳を澄ませる、そうして自己の身体の内に気を安定させる事が真霊の完成に必要ですし又、適正な後天現象を展開するのにも必要です。「目が夫の色を見ずば、其の心は必ず空す。耳が夫の声を聞《か》かずば、其の心は必ず静す。……故に、其の空を欲するや、必ず先に色を以て之を化すべし。其の静を欲するや、必ず先に声を以て之を測すべし。（午五―三）」という方法が記されています。気になる色声を感覚しないように努力する事は、誠意のようであっても有効な方法ではありません。自身の心の内の微妙な色声に意識を向ける方が好手です。

そして、その「収視返聴」四功（太乙坐釈法言）も、最初の頃に意識して練習する事は問題無いですが、いつまでも常に力を入れて懸命に集中する事は良くありません。努力感を伴う集中はストレスの元でもあります。

最もお奨めしたい方法は、辛くなったら休んで再開しても良いと思って、楽しみ乍《なが》ら続ける事です。張り詰めた緊張が心地良い場合もあるでしょうが、緊張と弛緩を適度に行う方が継続的に修功してゆけるものです。「鞍韉《あんせん》の永は、鼓鼙《ことう》の久に如かず。」という喩えが経典（真経巳―一）に引用されています。鞍韉とは馬のクラで、鼓鼙はツヅミの事です。

しっかりした革で作られている鞍《くら》は永年の使用にも耐え得るものです。けれど、それより鼓《つづみ》に張る革が長持ちするという意味です。その理由は、鞍の革は固定的な仕様になっていますが、鼓の場合は演奏しない時は楽器のパーツを分解して緩めておく習慣になっているからです。

ですから、最初は緊張と緩和を適宜に用いて、ストレスを溜めないようにする方が長い目で見た場合に適当ということになります。

この場合も亦、真坐、真息が習慣化できて常に心地好い状態になれば、鞍韉も鼓鼗も関係無くなるでしょう。

「霊の主する所は惟、最楽を善とする。（経髄天四―二）」とも曰われます。習慣化される為にも、心身が楽でなくてはなりません。そうしている内に、旡が真霊と元霊の所に充凝してくるわけです。

「吾霊を空しようと欲すれば、必ず坐久に従り旡固すべし。（午一―十三）」

「坐するは、外に於いて静し其の内を安し、其の中を守し其の竅を定し、其の運を求めずして自運し、其の息を求めずして自息す。（午五―四）」

自己の真霊を凝固しようという最初の志は重要ですが、有為に操作する意識は空する事が重要です。それも亦、空しよう空しようと思うと、空になるどころか、その思いに囚われてしまいます。

それで、最も着実な方法は、惟気の平静を求める坐を続けることです。それに由り自然に虚状態を作り、炁を充し固すことができます。

その方法は、道院で奨励される「放心」という修法です。ともかく最初は気の平から始めて、順次黙と静を得てゆく事が肝要です。やがて、十分に静まり返った後天気状態が全陽の炁体に転じるという返回現象に至る、と曰われます。それが、道院の坐功功則に法った放心の功との事です。

放心と言いましても、失神状態ではありません。心は先天にも後天にも拘らない安楽でフリーで大らかでありながら、神経は研ぎ澄まされた状態とも言える、渾噩のような厳粛な感覚を楽しむ事が最善です。

空感覚であり乍ら、後天の感覚器官に由る情報も適宜に受信し利用して生存してゆく、そういう状態が真人の基本スタンスです。と言うよりも、空感覚中にこそ、音波等の波動情報も適正に総合的に活用できるのです。

「統が放《ほう》すれば六合《りくごう》に彌す。系が巻《かん》すれば密に退蔵す。故に、其の統を有すれば、乃ち能く万化に乎いて主す。系に於り帰すれば、乃ち能く万形に乎いて宰す。（経髄人一—三）」と説かれています。又、その続きの所には、「万有の無形の統系は、虚空するに在らざる莫《な》し。万有の有形の枢紐は、中和するに在らざる莫し。」とも曰われます。

不離耳目　是曰非色非声　寓乎至空

不離耳目《ふりじもく》　是曰非色非声《しえつひしきひしょう》　寓乎至空《ぐうこしくう》

耳目を離れず、是に非色非声と曰い、至空を寓するや。

天眼天耳状態又はそれに近い状態になりますと、この世界の通常の景観とは異なる世界が自然に見え、聞こえると曰われます。その状態に於いて更に後天の身体感覚も保つようにして適応していると、やがて「非色非声」色に非ず声に非ずという状況になると説かれます。

感覚をできる限りリラックスして、先天の炁霊にも拘らず、後天の波動も遮断排斥せず、炁功の自然と気候の天然に純任していますと、色と声、即ち粒と波の影響が薄らいで淡々となってきます。色というのでもない、声というのでもない、心地良い寛《くつろ》ぎ状態になってきます。

各個人の条件要素に違いがある為、所要時間等は当然異なってきますが、全ての現象が有るような無いような微妙な所から、色とも声とも言えない其の色声に対して、疑念を抱かず歓喜もせず、分析せず憶測せず、惟淡々適々と静かに感じている事が重要で、やがて安心の極の様になります。

それは至空《しくう》と呼ばれます。至空は空《くう》の至《いた》りです。これ以上の空は無いという空ではなく、ここからが真の空と言える「空の玄関口」に至るというような意味でしょう。至空は又、「至空不空」とも曰われます。

そうです至空は、必ず空であると限定する事は適さない、可能性に満ち溢れているとも言える状態と感覚を指す、という認識が実用的でしょう。「至空にして復するは、其れ炁の根なり。(午二十一―二)」とも説かれます。根に復するとは、例えば植物が表面的に枯れてしまったように見えても、根に十分な養分を蓄えていると、やがて温度や水分等の好適条件が巡ってきた時に再び新たな芽生えを起こす、そのような現象です。その場合の根に相当する物と言いますか場所が設定されるか否かということです。

太上老君提唱の「玄の又玄《ゆうげん》、衆妙《しゅうみょう》の門」は、道の根とも曰われます。「故に、妙なる者は、真に非ずば堅とならず、虚に非ずば凝とならず。惟《ただ》堅し惟《ただ》凝すれば乃ち能く(一霊に)合し化す。有を化し無と為し、無を化し有と為すは皆、妙の旨なり。色を化し空と為し、空を化し色と為すは皆、妙の境なり。実を化し虚と為し、虚を化し実と為すは皆、妙の諦なり。幻を化し形と為し、形を化し幻と為すは皆、妙の運なり。是に、妙に合する者は、自《おのず》から能く真に至る。(午六―三)」と説かれています。

「目が夫《か》の色《しき》を見ずば、その心は必ず空す。耳が夫の声を聞かずば、その心は必ず静す。……故に、その空を欲するや、必ず先に色を以て之を化すべし。その静を欲するや、必ず先に声を以て之を測すべし。」と説かれる「夫《か》の」とは、日常的に接する「周知の」という意味ですね。

その常に見聞きする色声に煩わされない心境になるには、その色や声を見聞きしない、視聴しない事、と言われても難しいでしょう。それ故に、その方法として真坐と真息の練習に由る会得、習慣化がある訳です。

堅誠の境が反復的に継続されれば、自己の拠《よ》り所にアクセスする習慣が身に付いて、次第に真霊の堅固が恒から久に、即ち習慣として続けている事の僅かずつの効果が時間的継続に由り積算されて大きくなってきます。

最近の脳科学では、一日に数時間以上、特定の物事に関する思考を続けている人の場合、その物事が寝ても覚めても頭から離れない「オタク脳」になるという研究もあるようです。

修養オタクというのも、中々宜しいのではないでしょうか？「行住坐臥の間に、心は道を離れず、神は竅を離れず。（午五―十四）」のように、修養の事が何より気に入ってしまえば、行楽の出費も押さえられ、自然に健康管理もでき、非常に実用性が高いと思われます。

又、心理学に「自我機構化《じがきこうか》」という言葉があります。それは物事を自分の手足の如く使いこなす、努力感を持たずに楽にできるように為るというような意味です。特殊な機械類でも、熟練した人達は頭脳で一々考えずに、第三者から見ればいとも簡単そうに、無駄の無い鮮やかな動作で操作されますね。その裏に熱心な反復練習の日々があっての成果でしょう。

何事にも練習が必要です。そして、できるだけ怪我の無いよう、無駄な努力や失敗をしなくて済むような安全で簡単な方法を選んで、より効果的に練習を進めてゆくことが、楽しく続けるコツでもあるでしょう。

自己の生命に誠する為の修養は本来、安全で快適であって当然です。

炁気の修養の場合は、心の至虚と、神経感覚の先後合天を練習してこそ真修と言える、との旨が色々な角度から経典の随所に説かれています。

「無色中に美観を求め、無声中に鈞天《きんてん》を求める。何に於いてこれを求める、――炁充に於いて之を求める。炁は何を以て充す、――惟、静し是に充す。(午一―三)」の鈞天とは、天界の妙なる音楽というような意味です。無色、無声の中に存在する微妙な色声が真に価値ある色声である、という意味と共に、「色声とすること無し」即ち視聴の努力や操作をしない意識状態にして、得るべき色声を自動的に得る根を設定する事が修養の妙法であるわけです。

根は又、基と言い換えても良いでしょう。二者合わせれば根基ですね。「天地の基は、久に於り定す。陰陽の基は、常に於り定す。生化の基は、運に於り定す。坐息の基は、恒に於り定す。炁気の基は、堅に於り定す。(午十九―十)」とあります。

根も基も、やはり継続的に静を堅することが大事です。刹那刹那に静堅を心掛けていれば、いつの間にか妙息の習慣が身に付き、人身小天地間に於いて適運の連続となり、それが恒久となってゆくという道理です。

真の修養は決して辛い苦しいものではありません。辛い苦しい修行《しゅぎょう》は、生き物の本来の志向に反します。ですから永続しにくいでしょう。そして、その様な苦行を続けているという偏な自信を持ったり、或いはその苦行で何か目標を達成したとすれば、偏な優越感が生じる危険もあるでしょう。そして又、そうこうする内に自己の心身を傷めて挫折するのみならず、周囲にも悪影響を及ぼす事態になり、何よりもこの世界での折角の修養の機会を失ってしまう事になりかねません。

楽しく生き生きと修養する事こそ、自己自身にとって誠です。適正です。そして、楽しく修養できる方法こそが、持続し易く、偏に誇ることも無く、いつしか自然に当然に善い結果に導いてくれるものです。

今まで解らなかった事が解るのは嬉しい事です。今まで出来なかった事が出来るのは楽しい事です。或いは又、同じ様な気持で修養を志す人達と出会って共に学べる喜び、励まし合える心強さ、……修養は、そういう事の連続であるはずで、又そうあるべきではないでしょうか。

「日々に之《これ》を新たにしてゆけば、而《しか》る後、空中の理は皆、色に乎いて寓《ぐう》し、色中の形は皆、空に乎いて寓す。（午五―三）」と説かれるように、虚心の中の空間に炁が充容される道理に由り、色の大元である炁から、いかなる色も展開される可能性が備わることになります。又、物質的な身体の中で修養される真形は、泥丸の脳の識空により、機が至って化生に到ります。

「有《う》とする所無くして有《ゆう》せざる無きは、乃ち真空と云う。真空の中が能く万有の母を包羅《ほうら》すれば、方《まさ》に以て炁功と曰《い》う可《べ》きなり。（経髄人二―一―二）」

この真空の中とは、先後合天モードの真虚中の空間の意味と取ると分り易いと思います。包羅とは、網で獲《と》るように残らず包み取る感じです。

「入我楽網」という表現もされます（真経寅―二）。縄や網は悪人や猛獣等を捕獲したり束縛する時にも使われますが、我が楽網《らくもう》に入れるとは、大道の安心な拠り所、ハンモックのような心地好い網でしょう。綱も亦同様に、必要な物を繋ぎ止めたり、救命具としても頼りになるものです。

その極楽のような依り所は、外に求めるのではなくて、自己自身の中に求める、という最初の「求諸己者……」という文が想起されてきますね。人である限り、自己の幸福を望まない者は無いでしょう。生命体である以上、自己の破滅を本心から望む者など無いでしょう。けれども、どれほど願望通りの物品が手に入ったり巨万の富が築かれたとしても、理想的な友人や師匠や配偶者と結縁できて、彼らと素晴しく楽しい時間を共有することが出来たとしても、この世界の歓喜は必ず醒める夢のようなものです。そして夢が過ぎ去った後の寂寥や無常感は辛いものです。「この世界では愛する者に出会わない方が幸いである。」仏説らしき此の説には、そういう意味での説得力があります。それ故、来世の幸福幸運に繋がると思われる布施等の善行に由り徳を積みながら、山の頂上に向かい一歩一歩を踏みしめて進むのが古今の善い修行とされているようです。

本書で提案する修養は、三角形の山の頂点を目指すのではなく、円形の中心、球体の内部を目指すものです。それも一点を目標にするのではなく、ある程度内部に到ると、時間の影響を受けない真の極楽の如き空間に達し、容姿も経歴も性別も生物としての種類も関係無く、大道に集う仲間として全員が安寧を共有できるような場所に達すると謂われています。

人の究極の幸福とは、自己自身が真に安心して自在に活動も休息もでき、その事がそのまま宇宙環境への貢献に繋がる、そして大切に思う人達とも同様の生存を共有し共感できる、そのような状態ではないでしょうか。

幸福と幸福感とは別です。客観的状況と主観的感情の双方に於いて幸福であり、且つそれを永続可能である事が真の幸福ではないでしょうか。

そのような幸福状況が実現する事など「絶対に有り得ない」という思い込みが、長い年月の中で常識として我々人類の記憶に刻み込まれています。ですから、常識的な方、マジメな勉強家や知識人ほど、本書に紹介されている内容に対して信じられない、難しいと感じられるかもしれません。

けれども、リスクも無く、特別の道具も要らず、日常の時間を利用して何時でも何処でもできる簡単な修養で、先ず自己自身の幸福の基を設立し、周囲に好循環の波を及してゆけば、決して有り得ない夢ではありません。

余談ですが、若し読者が修養の実践を始められた場合でも、幸福を共有したいと思う方達に対して、急いで熱心に勧誘する事は宜しくありません。

健康法や美容法でもそうでしょう。高齢なのに驚く程健康そうな人や、久しぶりの対面で奇麗になっている人が居れば、その原因や秘訣を教えて欲しいと思うものです。そういう意味でも自身の内功が優先です。

道院には「童修」と謂われる、幼児期に入会させるケースがありますが、現実を観察しますと、必ずしも当人にとって最善とは言えないようです。親としては、自分の善いと思う道に、子孫を早い時期から親しませたいと思うのは人情でしょう。けれど子孫側は、自己の意思で選択し修養を志すという体験が希薄である為に、親から押し付けられたような印象を持ち、志堅心誠が確立されにくい場合も生じるでしょう。

逆に、家族や親しい友人と修養の喜びを共有する事を諦めている為か、道理に触れる機会を作ってあげる事もなく、各々の生き方を尊重する態度を貫く人達も居られます。それは勿論各個人の自由です。けれど、究極の幸福から思えば、やはり寂しい人生かもしれません。

大道は我々万有を暖かく包み育んで下さる楽網の如き存在ですけれど、その恩恵を現実に十二分に頂戴して快適に生きようとするなら、ともかく先ず最初に自己の心を鎮し、真霊を修養する事が最も確実で近道でしょう。

その修養の中で「至空を寓する」という過程が、一つのクライマックスとも言えます。幻仮の形相が空となり、真の形相が出現する現象です。「其の形を遯《とん》するには、必ず虚に逃すべし。相於り遁《よ》《とん》するには、其の心が必ず玄《げん》すべし。(午二十四―二)」という方法が至空に通ずる事になります。

虚に逃するというのは、既にお解りでしょう。心虚、そして性虚ですね。

心虚は何時でも何処でも、瞬間的に逃れる事のできる避難所となります。

「密に退蔵する」とまでゆかずとも、一人になれる空間を我々はそれぞれ身体に標準装備しているわけで、その心の居場所が玄関黄庭ですね。

そして又、実際に有効な方法として、例えば仏壇や神棚のある部屋とか、自分専用の部屋に入って、暫しの時間でも隠遁感覚で静默を楽しむことも宜しいでしょう。特に、仕事や対人関係のストレスが重かったり、体調が優れず気が不安定な時には、なるべく寛げる場所で身体を揺らしたり手足を動かす簡単な運動などを、心坐しながら行ってみて下さい。

心地好い緑のある公園や清々しい雰囲気の神社、ほっと落ち着ける仏閣等が近所にありましたら、心坐の練習を兼ねてそういう場所を散歩されるのも宜しいのではないでしょうか。

お温習《さら》いしておきますと、心の居場所である中央で平静に由る虚を作り、頭脳の識慮を空して虚性に設定する、簡単ですね。心が玄《げん》するとは、静かの上にも静かにして至静状態にするという事と、それを玄窔に於いて行う、それだけの功候です。それだけで真霊の形相と真の色声が到来するなら、試みる価値は十分にあるでしょう。未来が楽しみになりますね。

乃有真色真声　修声修色　幻有幻無

乃有真色真声《ないゆうしんしきしんしょう》　修声修色《しゅうしょうしゅうしき》　幻有幻無《げんうげんむ》

乃《すなわ》ち真色真声を有す。声を修し色を修し、幻有幻無。

「至空を寓す」の文を受けて、そうなると期待せずとも真色真声が向こうからアクセスしてきます。向こうとは、真境の場合は、先天であると同時に後天でもあり、先後天両方であるという道理になります。

先天から来るものは炁で、後天から戻って来るものは気ですね。

更に真境の微渺な次元では、炁子《きし》と気母《きぼ》と呼ばれるものが交流します。炁子とは、後天へ向かう炁、又は後天から変換されたばかりの炁で、既に霊として活性化しそうになっている、けれど霊としては静寂状態であるという状態なので、静霊《せいれい》とも呼ばれます（道邃正経真華）。

気母とは、先天から変換されたばかりの気、又は先天へと帰源する気で、動霊《どうれい》とも呼ばれます。気が霊と呼ばれる事も亦異例ですが、それ程までにこの気母は先天に近い状態にあります。その炁子と気母が同じ時間空間に混在して融合している、そういう状況を思ってみて下さい。

その内の、どれが炁子で、どれが気母か、どれが先天から後天へ向かうものか、どれが後天から先天へ向かうものかも分別がつかない臨界状態で、修者の心は静寂を楽しみ寛ぎます。神経は黙運を感じて息します。「其れが形を為すや則ち若有若無。其れが声を為すや若震若息。其れが色を為すや若蒼若淡。（午二十—一二）」の其《そ》れとは、真霊の基ですね。

その色は真色と言えます。その声は真声と言えます。それは、無色でもあり有色でもあり、無声でもあり有声でもあるでしょう。真色、真声は、その様な特別の時空間にのみ発生し存在するものです。

即ち、真色真声とは、真息状態の時に見え聞こえる、炁と気の融合した色と声です。真色は炁気の粒の融合した色で、真声は炁気の波の共振した音、即ち霊光と神光の波動が合した色声とも言えるでしょう。ですから、真息状態にさえ為れば、真色も真声も自然に見え聞こえるはずです。けれど、一時的に真息状態に為れても、真色真声は見聞きできません。

何故なら、真色真声を感覚する真の感覚器官とも言うべき天眼と天耳が既に発生している状態でなければ、真声色が発生している状況であっても、自己の感覚として感知できないからです。それ故に、修養して真霊の基を立して、それを充実させるという功と候が必要になるわけです。

そして又、既に天眼天耳が発生している場合であっても、真息状態から離れている時は真色真声を見聞できない事は道理でしょう。

ただ、一瞬でも離れると電流が切れる様なものではなく、余熱や惰性の如く息の功用が暫くは継続されますから、危機感を持つには及びません。「不見の見なれば自《おのず》から其の中に真色を有す。不聞の聞なれば自《おのず》から其の中に真声を有す。（経髄天集三―八）」無為自然のうちに見え、聞こえることが重要であり、真実の色声であると曰われます。又、別の表現では、「不聞に於いて聞くは、其の玄を聞くなり。不見に於いて見るは、其の妙を見るなり。（経髄天四―一）」とも説かれます。

至静と微機を感覚する事に意識を集中するのが玄妙の功候です。けれど概して、天眼天耳が得られた段階に到れば、それらを活用しようと思わずとも日常的に自然に活用できるようになります。ですから、真霊、真丹の完成に向かって非常に有利になることは確かです。

この様に、修養課程と真色真声は密接な関係にあり、真色真声が発生し存在する心神の環境は、同時に炁功の可能性を全て発揮することができる物理的環境でもあります。それ故に、惟単なる心地好さ、爽快感、充実感、恍惚感などが得られるのみならず、真の実用性に於いて重要である訳です。

古来、シャーマンや祈祷師、音楽や芸術関係者などで、真の色声らしきものを追求しようとする人々の中には、キノコや植物等の幻覚剤に類するアルカロイドを用いて、真息状態に類似すると思われる恍惚状態を得ようとする者も少なくないと聞きます。けれど、その方法も状態も、真霊真丹の修養とは似て非なるものであると言わざるを得ません。

後天の合成薬物に由って恍惚杳冥を得ると、一時的に素晴らしい光景が見えたり、画期的なアイディアが閃いたりするかもしれません。けれど、常用すれば心身を害し、狂人や廃人になる危険が大きいでしょう。

その様な方法に頼っていては、決して真人には成り得ません。

真人は、炁気の管理をして自己の真霊を自立し、天地において貢献する状態を安定させる、そのために真息モードを常とする者です。ですから、勿論そのモードに入っていると非常に心地好いのですが、快感が主目的ではありません。と言っても、生物として心地良いことは重要です。

因《ちな》みに、筆者も寒い日に梅酒を少々お湯割りにして戴くことがあります。その味覚も好いですが、その時間の軽い酩酊気分も中々捨て難いものです。一度だけ、某神社の帰りにお土産に出されたキノコを自宅で食した際に、頭がフラフラになり、立っていられなくなった事があります。

その時は、心地良いという状態ではなく、危険な予感さえしましたが、若し常用でもすれば快感に繋がるのかもしれない、という様な感覚でした。古来の薬物等に由る恍惚や幻覚を常習とする人々も、心の奥深い所では真色真声を求めているのでは、と筆者は推察します。それは、遠い過去、宇宙のどこかで生命体として最初に発生した当時の生命の元々なる記憶を思い出したい、そして何よりも安心できる炁功の自然に回帰したいという最も基本的な願望に根ざす故ではないでしょうか。

若しそうなら、彼らを現代社会の異常者と決め付けることはできません。自己の本来の基本的願望に対して正直な人々であるとも言えるでしょう。危険性は重大でないかもしれませんが、飲酒や喫煙等を好む人々も亦、一種の恍惚感を欲して習慣化し、依存状態になる事が多いでしょう。けれど、どれ程心地好い体験であったとしても、それは一時的な快楽で、永遠に続くものではありません。幸福感、恍惚感が強烈であればある程、その刹那が過ぎ去った後に感じる悲哀や無常感は深いでしょう。

その様な人々にも、いいえむしろ彼らにこそ、似て非なる幻覚ではない真実の恍惚感、真実の色声を体感して頂きたいものです。この場合の真実という意味は、永遠持続的な拠り所を有するという意味です。

そこで、修養の話ですが、その真色真声を大切にして、というよりも、その真色真声が来るモードを大切にして、なるべく保ち、それらが頻繁に訪れるような自己の心身の状況を設定する、そのように練習してゆく事が真を修する事になり、自己の生命に誠する事にもなります。

そのような主旨に基づいて「声を修し色を修する」わけです。

その怪しいキノコを食した時は、我ながら本気で必死な感じで集中して形坐を致しました。そうする内に、次第に毒性が解消に向かったらしく、心は落ち着き払い、神経は冴え渡り、先天炁の金色に包まれた安寧が訪れ、至福の時間となりました。坐はやはり効果覿面《てきめん》であると感じた体験でした。そういう場合は、心坐《しんざ》だけよりも絶対に形坐《けいざ》です。

現在の道院の形坐は、椅子に腰掛けた姿勢で両手の掌《てのひら》を左右それぞれの膝頭に置いた形で心坐をする方法です。

その形坐は、道院の初代統掌《とうしょう》を務められた黙真人《もくしんじん》という方が、当時の指導神霊達とご相談の上で、効果倍増の坐法として確立されたと先輩から聞いております。黙真人は夙縁《しゅくえん》(早い時期からの道縁)を持ってこの世界に来られ、著名な仙人の所で道教の奥義を修得されて、その師匠から特別に道院へ推薦された、という経歴の方であったそうです。

嘗て筆者が初めて香港道院で、当時開かれていたフーチというご託宣の壇を見学しました時に降霊された神霊も、既に帰道され後輩指導をされていた黙真人でした。「好いタイミングで来たね」との由のお言葉を頂いた事が印象に残っています。甲子の年の農暦正月最初の乩壇《けいだん》の日でした。

形坐の時の呼吸や手足の位置など、詳細は本書では割愛いたしますが、形坐は心坐や真坐の効率を上げるものとして特に現代人の為に提案されている方法ですので、日々の糧として活用される事をお奨めいたします。

手足に問題がある等の状況で形坐ができない場合は、その分も踏まえて真剣な御気持ちで心坐をされると宜しいでしょう。

さて、「幻有幻無」も種々の解釈が可能と思われますが、通常この世界で有るとか無いとか言っている物事は皆、幻有幻無に属します。

「幻有幻無を以てして、世界の美観を為すなり。（午三―八）」と曰われ、幻の交雑するのがこの世界で、この世界は幻美の世界とも言えます。

そして、幻の有無が直《ただ》ちに善悪に結びつくのではありません。けれど、「幻有幻無は、生滅の境」とも曰われる（午四―三）、後天輪界ですから、全体から観ればサイクルする世界です。そしてその渦中に入っている者達から見ればリサイクルされる世界です。所謂、輪廻《りんね》剥復《はくふく》の境ですね。

そして更に、その運輪の中でどのように生きるかは各個体に選択の自由が認められている、という基本原則ではあっても、現実に選択肢が明確に提案されていなかった所に、今日の刔々の深刻さがあると言えるでしょう。けれど、本書の読者は既に「聞いてないよ」とは言えないですよね。

「阻輪、昧輪とするは皆、後天気化の感なり。正に於いて感すれば、其の化は必ず清す。惑に於いて感すれば、其の輪は必ず濁す。（午七―十五）」とも曰われます。感じ方というのは非常に重要で、正しい物事が有っても、何も感じなければ自分と無関係です。劣悪な物事が有っても、自己の心と神経がその悪影響を受けなければ、振り回されることはありません。

古今東西、修養を志す人は少数ではありません。にもかかわらず実際に成功に到る人は実に少数です。その理由も亦、各個人の感じ方に主原因があると曰われています。

修養を志すような人々ほど、身の回りの現象を真剣に感覚して深く感じ、それに因って自分にダメージを与える如き結果を招き易いという事です。例えば、善良で正義感の強い人程、周囲の人の心無い態度を見たような時、自分の心が傷つき易いものです。そしてそれが因となって体調を崩したり、或いは自分の無力に落胆したり、怒りや憤りに苛《さいな》まれてしまいます。

そのような傷つき易い善良な人は、仏や菩薩の慈悲の最優先的対象ともなる筈です。けれど結局、救済するのも消滅するのも自己自身の責任です。そしてそれは、自己の感じ方から発し結果に到るものです。

愚行や悪事を身近に見聞したとしても、それに由って自己がダメージを受ける義務など全く無いのです。自己自身の感じ方に因って、自己の輪界が清明にも昧濁にも為り、好循環にも悪循環にも為るという物理的現象に過ぎません。周囲の善人や神仏諸天は援助の手を差しのべる事は可能でも、当人の感じ方を決定付けることは不可能です。

愚行や悪事に対して最も賢明な対処方法は、先ずしっかりと自己の基を設定して、自立した真人に成る方向性を確保した上で、現実の問題の原因を調べて具体的な対策を打ち出すことではないでしょうか。

何事に対しても、自然なポジティブな気持ちで静かに感覚し判断して、適正な言動を発してゆく事が、自己の存続進歩にとって有益です。

そういう意味でも、普段からなるべく賢い友人と交際するように心掛け、心身に有益な書物や美しい物事、なるべく穏やかで淡泊な音楽や食品等に親しむ機会を大事にする事が、自己に対する誠に繋がるでしょう。「異盲の言を学ぶ勿れ。（坐釈法言上元二—卯）」とも曰われています。

一見、素晴らしく思える教義や方法でも、どこかに矛盾点が有るように感じられる場合や、証拠となり得る事例が無い場合等は、決して盲信してのめり込まない事が賢明でしょう。自己の元神に尋ね、本心が納得できる事だけを信じて実行する事が自己に対する誠であるはずです。

それ故に、常日頃からできるだけ気を平静にして、自己の元神、本心を伺うモード、即ち真息モードを習慣にする事が重要になります。

「平」の文字は、離の☲と｜を組み合わせた象とも曰われます（済佛訓）。離は中央の心宮を指しますから、それと下丹気海の連携の意味でしょう。つまり、後天気が良好な状態である模範的なパターンとして、中丹の気が安定している事と、下丹の気がそれに呼応している様子を表現しています。

そのように観れば「甲」の字とも共通している象になります。甲は十干のサイクルの最初で、新たな出発、開始を意味しますから、平に由り功候がリセットされる現象を暗示しているとも取れそうです。

因みに「申」は、中央の離を表わす日と縦の｜を組み合わせた象ですが、縦の線が上まで一貫しています。それは、上中下の三丹に相当する箇所が連なっている状態、又は先天と後天の世界が中央の離宮を中心にして統系される状態を表現している文字と言えます。

又申は神にも通じます。古字では数字の6と9の頭部を連結したような表現もあります。その場合の6と9に似た形象の連結は、渦巻き状に収斂展開する陰陽の光線を表わします。従って申は、千変万化を繰り出す中真に於いて巻放される陰陽の形態を表現しています。時の流れの中で元字の意味は埋もれても、今尚、離明に由る一貫の主旨は形象に観察されます。

更に申しますと、離は中が虚である事が特徴ですが、「中」の文字はその離虚を図形的に表現している象で、〇と|の組み合わせることで、虚霊に由る一貫通霊を意味すると解釈するのが無理が無いでしょう

そして、いざ善行を発するにも元手となる物や知識や技術が必要です。ですから、それを先に得る事を躊躇すべきではありません。例えば、未だ一人前でない時期には、遠慮せず親や先輩など周囲から必要な援助を提供して貰う事が現実的に当然であり、公的に観ても善い事である筈です。「之を与えようとすれば、必ず先に之を取るべし。之を生かそうとすれば、必ず先に之を尅すべし。之を動しようとすれば、必ず先に之を静すべし。之を有しようとすれば、必ず先に之を無くすべし。(午二—十三)」と曰われます。常識的道徳論では「之を取ろうとすれば、必ず先に与えるべし」と言う所かもしれません。と思うと笑ってしまいますね。

このように、現実に有るように感じられる後天世界の幻影現象「幻有」に振り回されない事が、自己の真霊修養に於いて先ず必要であるわけです。

鎮心経内の「幻有幻無」は、それより更に一歩進めて、有を幻とし、無を幻とする。有無ともに仮幻のものであると認識する、仮観《けかん》という事ですね。

「幻有幻無、目中に色を有すれば、自から之を有す。目中に色を無くせば、其の色は自から無し。……四時の主を解するや、則ち吾声の自然を知る。（真経辰―三）」とも説かれています。それは無為自然とも曰われます。

即ち、有にも無にも囚われない、後天の有形の物にも先天の無形の物事にも執着《しゅうちゃく》しないという意味です。難しいようですが、そのような心境と神経感覚が日常の習慣として定着するように修錬するという事です。

「若有若無なれば、精は結し色は空し、虚は復し汞《こう》は存す。故に惛昧《こんまい》の中に霊明が存するかな。（午一―八）」と説かれるように、有無に捉われない心境に於いて、エネルギーが結晶し、後天の現象に関する塵識は空となり、真実を生じる虚状態が回復し、至陰の水（☵—微機、妙功）は存在します。

ここで言う真実とは、真丹、真霊体です。妙功に関しては「鉛汞」という道語があり、鉛《えん》は純陽の堅固、汞《こう》は純陰の潤沢を指します。鉛《なまり》と水銀《すいぎん》の意味ではありません。ここの惛昧は「混沌のようで渾噩」の良い意味です。

それは、この世界の幻を積極的に活用するという事でもあります。「仮《かり》を仮《か》り真を為し、真を仮り仮を為す。（午三―十四）」とも説かれます。この世界の幻仮の身体を利用して真霊を修養し、その真霊の霊光の運用に由って仮の身体の疾病や不都合を改善、回復する事ができます。又それと共に、周囲の後天環境を改善してゆく、というような妙循環現象を自然に無為に起こしてゆく功候になります。

「其の幻影を仮り、以て吾の真を養す。（午五―十一）」この吾の真とは、既にお察しの通り、自己の真霊、真丹、真実ですね。

「仮を以て真を錬し、真を以て幻を去る。（経髄天三―六）」この去るべき幻とは当然、不適当、不適正な後天の塵識に係わる幻影を指します。

「仮幻を借り、以て真に於いて錬す。（経髄天四―四）」この真は、真霊の基となる真中、真竅と取りますと納得されるでしょう。

「真に因《よ》り仮を錬し、仮に因り幻を修す。（経髄天四―六）」とも説かれ、「仮を借り以て真を錬し、幻に従り以て修するは仍《なお》、人を以て捷径と為すなり。（経髄天四―九）」等と、関連する文章も色々あります。人体を有するという事は、内外を反復して増幅する功候にも繋がり、修養に於いて実に有利になります。それ故、人の姿での修養が捷径《しょうけい》（早道）とも曰われます。

「真空の境は、乃ち形色を有す。その始を以てするや、その原は自を有す。その化を以てするや、その真は乃ち孕す。真が充し霊が凝し、炁母を有し始める。（午六―五）」のように、真空の境から炁が気を化します。そうして万物万象が発動してゆくのが大道の運輪の経緯です。それと同様の状況を自己の内に於いて再現することができれば、自我機構化が実現する訳です。

「竅が体を為すは、其の虚に於いて体す。竅が用を為すは、其の静に於り用す。其の虚に於いて体すれば、虚霊は不昧。其の静に於いて用すれば、静霊は自動す。（経髄人二―五）」

「虚に於いて適すれば、実に於いて適せざる無し。空に於いて適すれば、色に於いて適せざる無し。静に於いて適すれば、動に於いて適せざる無し。無に於いて適すれば、有に於いて適せざる無し。（経髄人三―一）」

「心は心とする所無し。惟、妙に於り見《けん》す。妙は妙とする所無し。惟、玄に於いて見す。玄は玄とする所無し。惟、息に於り見す。息は息とする所無し。惟、坐に於いて見す。（経髄人一―四）」とも説かれています。

「天地、陰陽、造化、修養の主竅を得るは、則ち心房君舎《しんぼうくんしゃ》が存神し、斯《ここ》に外馳《がいち》せざるのみ。」胸の所の竅のことですね、そこに神経感覚を安定するのみであると、はっきり示されています。

因々輪々　其於是可以返其本来已

因々輪々《いんいんりんりん》　其於是可以返其本来已《きおしかいへんきほんらいい》

因々輪々は、それ是《ここ》於《よ》り以《もっ》て其《そ》の本来に返《へん》す可《べ》きのみ。

因というのはご承知のように原因の因です。何事も何物も、どのような現象も、因が無ければ発生しません。そして因が有れば結果が有ります。それは厳然たる道理です。

けれど、因が果になるには、因だけが静寂して存在している状態では、結果に為ってゆきません。因々昷々とその因が昷して、丁度静寂が極まり動に転じるように、やがて機が熟して輪運、輪転します。そのような順序を経て、この後天の世界に結果が現れてきます。つまり、因々が輪々するには、その前に因々昷々する過程があるということです。

因から果に至るのに時間が掛かるという事例については、化学の実験を想起してみると解り易いでしょう。混合する薬品物質によって化学反応の時間が異なりますね。一瞬に反応する組み合わせもありますし、数時間も放置されて変化するものや、攪拌や加熱を要する物など色々でしょう。

変化に時間が掛かるのは、原子や分子の相互変換に時間が掛かる為とも言えます。宇宙の物理的システムの所以です。

その、時間が掛かるという事は、この世界に生きる我々にとって非常に感謝すべきことです。何故なら、一度発生してしまった悪因、不都合な因を消去したり変更する為の因を新たに設定する機会が有るからです。

若しもそういう仕組みになっていなければ、一度些細なエラーでも起こればもう大変で、この鎮心経を誦《となえ》る余裕も無いでしょう。

そして現実は、一つの因に対して時間的な後に一つの果が来る、という単純なものではなく、一つの因の中に、それ以前の複数の、厳密に言えば無数の果が存在し、一つの果の中にも複数の、無数の因が包含されます。「因中の果は、之を見ることとならざるなり。果中の因も亦、之を見ることとならざるなり。……天地陰陽動静剛柔は皆、因を有するなり。皆、果を有するなり。（午五―十）」と説かれています。そういう世界なのですね。

又一方、悪因は基本的に悪果しか導きません。基本的にという意味は、それが発生した後、未だ結果になる前に悪因を消去したり変換する設定が為された場合は悪果に到らないからです。それに対して善因は基本法則的には当然善果として現れてくるはずです。

けれど、善因も他の因（条件、要素）の介在によっては悪果になり得ます。最初の方のページでも触れましたように、良かれと思った善意の行動でも、想定の不備や状況の変化、タイミングの不適などの条件に由り悪果となる場合もあり得る、というのがこの世界の現実です。その事が最も厄介で、善人を苦しめるストレスの因ともなっています。

そのリスクを最小限に抑えるよう予防的に、又は既に悪果になりそうな兆候を感じた時など、この鎮心経を十五回、心を込めて黙誦しますと必ず霊験が得られる、とフーチ（沙盤を用いるご託宣）に由る訓文にあります。五～六回でも効果が有るとの事です。

できれば、老祖様でなくても、信仰されている神仏をお祀りした神聖な場所において、メモを視ながらでも構いませんから、誠意を込めて朗々と五回以上奉誦されますと、その効果を実感されるでしょう。筆者の場合は、鎮心の輪が広がってゆくことを願って、先に諸天善神精霊達にお呼びかけしてからお誦えする習慣になっております。

鎮心経はこの様に、個人的な難事から大規模な事態に至るまで、災劫を有形に為る前に鎮化する強力な機能を有する道具の一つとして、実用的で当に得難い経咒です。

本来は道院に伝授された経咒ですから、そこに縁じて修養する人々が、良く種々の経典を研究学習して、この鎮心経に関しても、伝経のご主旨に叶うよう、最少限以上の意味を知った上で熱心に奉誦すべきです。けれどそういう状況でなかった故に、却って一般の皆様に広く参加をお呼びかけする機会が得られました。その事はきっと、この大道の大慈悲と、炁功の自然に由る成り行きであろうと拝察いたします。

常識的に考えてみても、一人でも多くの参加者が、必ずしも特定の組織に属さずとも、この世界を素晴らしい理想状態に向かわせるという共通の目標を意識して、大同小異は有っても共に真心を通わせ、有益で効果的と思える方法なら実行してみる、その事に異議を唱える方は無いでしょう。

輪は炁輪、心輪、気輪、水輪という様なサークルですね。又サイクルになっているシステムのこと、又その運動のことは輪運と謂われます。

人の善意誠意は非常に大事です。それを持ってこそ人です。その意識の輪が地域や年齢、職業や立場に関係なく処々に発生して、その回転を次第に加速し、力強さを増してゆく事を願い、またそれらが偽善的に悪用されないよう、又愚誠に終わらないよう、多くの方に、真実を知って頂きたい、――その筆者の思いも因々昷々と熟成されているように感じます。

熟成期間というものは、物事の発動にとって必要不可欠です。

「因々輪々の功にして、妙を以て之を合するなり。その旨は何を云うか、それ惟、真空。真源が定を有すれば、是空弗空。弗空の空は乃ち、真宗を見す。是を以て、水源木本は、空が之を孕するなり。妙が之を化するなり。」と説かれています。（午五―七）

真空は、至空でもありますが、修養に於いては特に、そこに先後合天の、炁と気の交互変換が起こる状態の神経感覚が存在している空間、という事になります。そして、修者にとっては「大宇宙の場合も大生命体としての真意識が存在している筈」という拡大認識が当然重要になります。大天地と各自の小天地は、システム的に同様である筈で、その共通性があっての真霊の修養であるからです。

ですから、一般常識的な、空気を抜いて真空にする装置とか、そういう意味の真空とは異なります。違和感を持たれるかもしれませんが、実用性を重んじますと、どうしてもその様な解釈になります。

「真空の境は、乃ち形色を有す。（午六―五）」とも曰われます。又更に、「道と炁は分焉として合し、合焉として分す。無分無合なれば、乃ち真定を為す。（午六―八）」その無分無合の境地が真境の一つの特徴でしょう。

妙とは、微妙です。微機です。少女と書くだけあって易の兌《だ》に対応しています。兌は艮《こん》と対《つい》になっていて、艮☶が静止を表すのに対して、兌☱は微妙な動を表します。静極(至静)より微機が生じて微動が発せられるのは、この艮から兌の妙機が起こり妙功が起こるわけです。

その妙功が起こるモードをなるべく日常的にセッティングできることは非常に重要で、それができれば修養するという努力が不要なほどです。

それは又、炁気の状況から言えば、息々の功候とも謂われます。

「玄々の功は、妙々が之を存し、妙々の候は、玄々然にして之の息を為すなり。(坐法中元—震)」静かを追求する故に微機が生し、微機を保つ故に静寂が功を為すのです。それが炁も気も安息する功候です。

「道の因するや、虚に乎《お》いて因するなり。道の正するや、凝に乎いて正するなり。道の化するや、固に乎いて化するなり。……一炁が凝すれば、万化は皆正す。一炁が蘊すれば、万有は皆生す。(午十八—七)」或いは又、「因々昷々は成物の始、輪々転々は化物の宗。(午十六—十一)」と説かれ、複数の因が発酵食品の熟成の如く変化してゆきます。昷の通音はオンですが、縕や氳、蘊に通じる故にウンと読まれます。窔(ヨウ)が竅に繋がる故にキョウ音で読まれるのと同様です。宗《そう》は拠り所、基のような意味です。

因が昷して変化の機が熟すと輪は転してゆきます。つまり炁の輪が気の輪に転じて後天世界に展開してゆくという事です。機が熟して自然にそうなるのですが、尚静息モードを続けると、車輪の中心が安定するのと同様に後天の輪も安定し、是《ここ》即ち中央の心君の舎を以て真霊が完成に向かいます。そして元霊も回復してきます。それが「是より以て其の本来に返す」功候です。心居の安定に由って本来の清浄で不具合未発の状態に返回する、そのことが大事で、けれど惟それだけですよ、と曰われます。

　真霊の完成と維持に由れば、謂わば地球の自転と公転が安定する如く、自己の身体の管理と行動の管理が同時に可能になる所が当に実用的です。「能く其の始め（と同様の状態）に返し、能く其の宗に合すれば、自《おのず》から其の妙に臻《いた》り、自から其《そ》の奥《おう》（至静の奥窔《おうきょう》）を蘊《うん》す。而《しか》る後《のち》、真旨が定し、真源が充し、真霊が凝し、真神が存し、真精が固し、真魂が清し、真息が運し、真空が堅し、……以て大道の基を立するは、若有若無《じゃくうじゃくむ》、若実若虚《じゃくじつじゃくきょ》の境にして其の至化の奥に合するに従《よ》らざる無きのみ。（午十六―十二）」

　真の心境は、有《う》の若《ごと》く無《む》の若《ごと》く、実の若く虚の若くという微妙な感覚で、恍惚杳冥《こうこつようめい》とも謂われます。いわゆる禅定《ぜんじょう》に近いとも言えるでしょう。又、如々の真境とも呼ばれます。似々如々という状態はそれに似ています。

けれど似々如々《じじじょじょ》は危険性を含みます。その危険性とは、定のモードから出てしまう事です。それ故に炁功の自然を無為に行うことができなくなり、色々な不適正や不都合を招くという意味で注意を要します。

又別の表現をすれば、本来は至虚の境と曰われます。何も囚われの無い、無極虚空の如き心境になる事も、修養の一つの方法として有効で、現実にその練習に由って成果を得た方達も多いようです。

けれども真境は、厳密には、かの囫圇《こつりん》の渾噩《こんがく》のように、恍惚杳冥でありながらもポジティブで、かつ凜然と毅然としている状態です。何故にその様な状態が真境であるかと言いますと、その様な状態でなければ、先天と後天の両方の世界をコントロールすることが不可能であるからです。

この世界のサイクルから見れば、元に戻すという功は、時間の流れを逆に遡るということでもあります。そういう意味で「順逆」を言いますと、「順するとは、其の気を順するなり。逆するとは、其の息を逆するなり。（経髄天一—七）」と曰われ、「順気は生を為し、生すれば必ず滅と為る。逆息が滅を為せば、生機を蔵す。」と説かれています。逆息が滅を為すとは、胎息の如き元始に近い状態にすると、善い意味の寂滅状態のようになる為、真霊の息モードに於いて仁を養し生機の発現に繋げるわけです。

このように、真という文字が使われる時は、ほとんど「先後合天《せんこうごうてん》の境」が暗示されている、と考えると辻褄《つじつま》が合って納得《なっとく》できてくるでしょう。

中真（胸中央の玄関辺り）で真霊形の基を発生させる目的は、元々の自霊（誕生当時から泥丸に有り、炁を補充しないと次第に消耗が進む元霊）を回復させる為です。ですから、修功をするのは中真ですが、その修功の効果が得られてゆけば、元霊が回復に向かうのは当然で順調な経緯です。「道が万霊を孕するや皆、素思《そし》にして其の基を定す。万念が息《そく》に於いて止《し》する者も亦、素思を以てして其の真中を定す。……素思とは何ぞ、――無名無始の立極にして、至円至微の機を中放する者なり。（午九―六）」と説かれています。中放は中心より放する意味でしょう。

素思というのは、思念が無いというよりも、元々の純粋な真っ白な状態を思うという事、と解釈する方が近いでしょう。

かの釈尊も、菩提樹の下で瞑想されていた時期、この素思をされていた筈であると推察いたします。即ち、ご自身のルーツ、最初に生命体として誕生された時のことを思い、それを思い出された故に、所謂悟りの境地を開かれたのでしょう。それは、太上老君が胎児の心境を修行の目標として、門人達に示された意味と共通するとも言えるでしょう。

「坐悟の道は、本を思い原を思う。（真経亥一―三）」、又（経髄天四―六）「先天の先は、造化の源。」、「造化の体は無形。無形の形は自然。」

また、素は染めていない白い糸のことで、主系する（主体があってそれに由り系する）意味もあります。具体的に系するには、炁の光が伝わる様な気のルートを神経感覚します。白い光線は通常、頭上から中丹を通り下丹に入る直線と、囟門から降りてきて祖竅を過ぎて緩やかに中真部に向かい、尾閭へ流れてゆく曲線とが観察されるはずです。

統系《とうけい》という道語も頻繁に使われますが、炁が元から統するのに対して、気が末から元に向かって帰する、そのラインが系と呼ばれます。修養では、炁功の自然に由る統と、気候の天然に由る系の意味を先ず認識して、既に得ている後天の身体を用いる修養ですから、身体の適正な竅を借りて気の帰源の真《ま》っさらな状態を思い、神経をその辺《あた》りに静止する方法が、気系の有意義な功になります。

ついでに、「形而中」と「形而外」という言葉をご紹介しておきましょう。一般には知られておらず、道理の研究者でも知る人は少ないと思います。いいえ、一度聞けば解る概念なので、本書の読者は皆、知る人になられるでしょうから、知る人は少なかった、と過去形で語られるべきですね。

「形而中」と「形而外」の基準形も、やはり真形、真霊の形です。

真形の中は「虚」であり、真形の外は「誠」である、と本書で多く引用している道院の基本的経典「太乙正経午集」に説かれています。（二十二―一）「水を以て之を済すれば、火は乃ち愈生す。是の水、是の火は皆、運輪を有す。二輪相転は、乃ち虚根を有す。故に根たる者は、上は天に在らず、下は田に在らず。虚中に聚するや、以て炁神の通を為す。（午八―十）」

真形の中が虚、という意味は、虚を持続的に感覚する故に炁が充凝して、自己の真霊がそこに完成し存在するという事です。そのことが、自立した真の人の通常の条件でもある訳です。それ故に外に向かって、愚誠でない適正な真の誠が発信できることになります。

「外内の虚を合するや、以て吾の空中の蘊を定すれば、性は霊の相を得るなり。命は炁の形を得るなり。（午二十二―一）」とも説かれています。

真霊が未完成で、完成に向けて努力している修養者の場合は、外よりも先に自己の内に対して誠する事が重要です。自己に対する一番の「誠」は、既にお解りですね、真霊の完成に適する状態を設定する事です。

鎮心経の最初の方にある「求諸己者、必誠於中」「誠於中者、必形於外」の内外功候の誠と同じ意味です。重要ですので再度繰り返しますが、自己の身体の中心の真霊完成予定地である胸の辺りに、静かな穏やかな気を集めて真霊の基を安定させ、更にそれが自然に養われエネルギー増加してゆくよう、炁が妨げられず働けるように、無駄な気の消耗をなるべく避けて、外部に気が流れても、慌てずに又リセットする、そういう練習を暫くの期間続けてゆくことが最善です。

そして、その状態が最も楽で心地好く感じられて、いつしか自己の基本モードになってしまう謂わば「真坐オタク」に為るように習慣付けること、それが自己に対する最大の誠と言えるでしょう。そして真霊の基ができた状態から、外に向かって誠を展開することが、内外功行、つまり内を整え、外の環境を調え、双方が相《あい》まって進歩してゆく効果的な修養方法であるとして奨められています。

外に対する誠、即ち慈行ですが、その最も簡単で効果的な方法が、この鎮心経をお唱えする事でしょう。それに由り、自己の心も鎮められますし、周囲に善い気を発信して、環境を改善する効果も大きいものです。

未だ修養初心の方にも可能で、何ら危険性もありません。僅かな時間、僅かな労力で、天地の位育に参加出来るという、実に貴重な方法ですから、参加の機会を逃すことの無いよう、心からお奨めいたします。

大道の修養は、「誠すること」が常に大切で、自己に対する誠から始まり、周囲の家族友人から天地世界に対して誠する、それに由って真に充実した心身と誠意溢れた世界の展開を目指すわけです。因みに、道院で修養者がお守りのように携帯する、修宝というペンダントトップ状の小金属板には、乾修坤修（男女修者）共に「誠」の文字がデザインされています。

「道なる者は、無形相の真空の諦なり。器なる者は、有形相が空の真旨を寓するなり。虚なる者は、玄妙に乎いて形し、万有主宰の真相を為すなり。誠なる者は、堅凝に乎いて形して、固守の真宗を為すなり。（午二十二－二）」

道が無形無相の真空の諦である事は、容易に想像がつくと思います。又、器が有形有相である事もその通りですね。その器が修養に由り空の真旨を寓するのは、泥丸の識空と中真の霊虚の故です。内功の虚は、玄妙の先後合天の真境に於いて真形を完成し、万有の霊的な主宰と為ります。そして、外行に於いて誠すれば益々輪運が盛んになり、中央の真形は堅凝し、元霊の真宗が固守する候となるわけです。

固守すると言いましても、それは候（状態）であって功ではありません。実行する功はただ、炁功の自然が順調に作動できる状況を作るだけです。ですから、努力感を無くす事が最も重要なコツとなります。

「道の道たる所以《ゆえん》は、息《そく》が自然に於いて虚するのみ。息の息たる所以は、炁気が無形に於いて交するのみ。……真霊の真霊たる所以も亦必ず其の止の相定《そうてい》を有して自《みずか》ら（又自《おのず》から）能く無窮に於いて運用するに従るなり。（経髄天二―二）」と説かれます。

この自然は勿論、炁功の自然ですね。止が相互に安定するというのは、「心は道を離れず、神は竅を離れず」の心坐状態でしょう。それは、自己の意思で行う修功であり、又無為自然に成る養候でもあるでしょう。

修養の道は、能動的で且つ受動的、柔順であり且つ剛堅である事が求められます。それは、かの渾噩にも通ずるモードでしょう。

それらが、最適なモード切替に由れば、素晴らしい状態でしょうけれど、毅然とする事が必要な時に消極的であったり、柔順に穏やかにすべき所で自主性を発揮したりすると、困った結果を招きかねませんね。そのような意味でも、息モードに於ける自己管理、行動決定は重要になります。

「息なる者は、其の虚を息するなり。其の無を息するなり。其の空を息するなり。其の静を息するなり。（経髄天三―一）」というお言葉も、味わうほどに気が落ち着いてくる、と思われませんか？

息が会得されれば、鎮心を為すという必要も無くなると曰われます。

「道の道たる所以は、炁功し気候する、それのみ。炁功の炁功たる所以は、動静相息《そうそく》する、それのみ。気候の気候たる所以は、陰陽相運《そううん》する、それのみ。（経髄天一―七）」とも説かれています。

「道の道たる所以は、必ず是の坐に在り。（経髄天二―六）」とも曰われ、

「坐息の始まりは一竅に於いて始まる。（経髄天二―二）」とも曰われます。

坐は、二人の人が土の上にすわる象で、その二人とは陰陽を象徴すると曰われます。陰陽の代表である水火を相済すると言っても良いでしょう。既にお解りのように、その為に動静の中を執り、有無を感じるわけですね。

「心たるは一竅なり。一竅は至虚の竅なり。至虚の竅は先天の真竅なり。無形に於いて視、無声に於いて聴き、無息に於いて息する者、是れなり。（経髄天二―四）」役立ちそうな文を引用すると際限がありません。

　道は実に色々な説かれ方をしています。ですから、一是《いちぜ》に拘らず、一つの明解を得たと思っても、それで得意になったり、「これが道である」等とブログで披露するような軽率な行動は、お互い慎むようにしたいものです。

　気に入った真理名文を書き出して壁に貼ったり、メモして持ち歩くのも善い事だと思いますが、先ずは気を静かに、自身の内を鎮しましょう。

「静は心自《よ》り始まる。心は虚自り始まる。（経髄天一―一―二）」

鎮心の要は、自己の霊体のエネルギーと適正な神経を養う事に尽きます。「世に、善者は常に清、悪者は常に濁と言う。清濁の分は惟、炁神の充と弗充に有るのみ。（午十—十五）」とも説かれます。炁が自己の真霊として充凝されるか否か、その自霊を管理する適正な神経感覚が会得されているか否かに由り、善者悪者、清者濁者が決定されるという道理です。

「何を以て、善者は常存し、悪者は滅し易いか、又何を以て悪者が常存し、善者は不祥なるか。（真経丑—三）」の理由も亦同様です。最も基本的には、真霊と元霊のエネルギー的充実度の如何に因り決定されるという事です。

「能《よ》く輪因乎《よ》り脱するや、而して其の玄妙を守すれば、自《おのず》から能く物々相運し、不息《ふそく》（やまず）の功を成する乎《や》。（午十八—六）」

「真形が息を適すれば、乃ち陶冶を脱す。（午七—十一）」とも説かれます。其の「其の虚を息するなり。其の無を息するなり。其の空を息するなり。其の静を息するなり。（未天三—一）」と曰われる息のアプローチからやがて、微妙な真息の境地が普段の当然の安楽状態になってゆくことでしょう。

「吾坐の真息は（無為の）養を以て胎を為し、（自然の）修を以て化を為す。（坐釈法言上元—二目—卯）」とも説かれています。この胎とは真霊の胎で、化するのは真霊の形です。ともかく、真霊こそが自己の拠り所です。

いよいよ説明も終盤になりましたが、本来とは何か、繰り返します。
「本来とは何ぞ、——至虚の境なり。（経髄天二—五、四—五）」と説かれ、「至虚の境は、有とする所無き『一』。有とする所無ければ有せざる無し。有せざる所無く、炁が聚すれば囫圇と為る。囫圇一炁は乃ち、空極を立す。空極の立は、無形に乎いて立す。無形の化は、方《まさ》に天然を見すべし。静なる中に是の因を求めれば、個の中心を識り得、方に虚なる中心を明すべし。」「至虚の境は、妙が止をせざること無きなり。……妙玄の宗は、一息が蘊するに非ざる無きなり。一息の蘊は、一炁が繋するに非ざる無きなり。（午八—十二）」とも説かれます。妙は☳微動、止は☷至静ですね。至虚の境は、何も無い境ではなく、何でもある、けれども、蔵している境である、とも言えるでしょう。

「本来に返る」と言いましても、完全に各自の発生初期の至虚、囫圇状態の性命体に戻るという意味ではありません。初期と同様の心と神経の状態にリセッティングして「本来の人のあるべき状態にする」、そして又更に、天地間の霊光の運営を司《つかさど》るという「本来の人」の役割を果たす事が可能な真境を確立するという意味です。新生児に戻ることではなく、新生児のような無邪気で屈託の無い心境に立ち返るとも言えるでしょう。

天地も人も同様に、その本来の境は至虚です。大らかでポジティブです。そして厳正な渾噩状態です。それ故に全ての可能性を含有します。それを維持するのが虚感覚と真息の微妙さです。広大な心虚と純粋な神経です。「惟、我が至虚のみが此《こ》の玄牝《げんぴん》を守す。惟、我が至玄のみが此の息々を守す。（経髄天二—二原空）」と曰われる、玄牝とは先後天の臨界の、後天の側の門で、炁気の出入り口です。先天側はゲン朒《じく》と曰われます。ゲンの文字は六の下に口を描いた象で、辞書にはありません。至玄は、至静状態を指すと理解して頂ければ、実用的でしょう。

「虚に於いて守すれば、必ず能く虚を堅す。空に於り運すれば、必ず能く空を化す（経髄天二—二原空）」この守すべき虚は中真の虚、心虚ですね。そして、堅するのは真霊の虚、虚霊です。運を為す空は頭脳の空意識で、空を化すのは、炁が気に化す後天への展開です。真霊の凝固と後天運用を同時に相互的に行う、それが先後合天中運坐法と呼ばれる所以です。

「根本とは何ぞ、—妙玄の主宰なり。妙玄の主宰とは何を云う、—即ち、炁子気母の息する霊（真霊）なり。（経髄人二—二—二）」とも説かれます。妙玄は静と動の臨界状態ですから、できる限り微細な波動を感じるつもりで修するのも善い方法でしょう。その場合の竅は玄関又は元頂が適します。

「妙玄の旨は、囫圇の凝固に在り。（経髄人首録　老人定）」とも曰われ、やはり真霊の基に炁が充凝して安定し、あたかも新生命誕生初期のように自然に炁功が発動し始める、そのような状態が日常的に安定することが、妙玄状態と言え、息々の実践状態と言えるのでしょう。

　至虚の境は勿論、形として表せないものですが、便宜上図形化すれば、0の如く楕円で表現されます。至虚が真円ではなく、また方形でもなくて楕円である理由は、円と方の両短所を避けられる形であるからだそうです。「至方は則ち過ぎる、至円は則ち及ばずの理にして、楕円の胞を以てし、以て其の無物の運蘊孕化を定す。」と経典（午十三―八）に説かれています。

　鶏卵なども楕円を模していますね。それは実用的であるからでしょう。

　我々の母なる銀河も、円盤状の姿が映像化されていますが、それは後天物質の世界の様子であって、大生命体の意識としては楕円球らしく、それ故に自立した運営が為されているそうです。要所を繰り返します。

「因々昷々は成物の始。輪々転々は化物の宗。（午十六―十二）」に続く文が、「能《よ》く其《そ》の始めに返し、能《よ》く其の宗に合すれば、自《おのず》から其の妙に臻り、自《おのず》から其の奥を蘊す。而る後、真旨が定し、真源が充し、真霊が凝し、真神が存し、真精が固し、真魂が清し、真息が運し、真竅が堅す。」です。

「蘊《うん》」は昷や温とも関連しています。共通する象は、皿の上に日ではなく、食物を皿に入れて上から蓋《ふた》を被《かぶ》せた象と謂われます。中の食物が冷めないように温度を保つ意味です。草冠が付いている蘊は昷より密封状態の感じでしょうか。又、蘊に糸があることで系を、温には水分を感じますね。

因昷の昷は、シンプルで元々の基本単位のようでもあります。

「吾道の堅如固如は、蘊醸弗已。(午十二―十五)」では、蘊醸《うんじょう》という表現もされています。弗已《ふっい》は已《や》まず、終わらずの意味です。

「炁神が輪運すれば、純を虚に合し、霊気が因昷すれば、中は精を蔵す。是に皆、化物が機して之《ゆ》き、定息が運輪して之くなり。(午十―十五)」と説かれています。炁神とは、先天炁と後天気光です。それらが輪運すれば、内なる心虚に純陽の魂清真中を合します。霊気とは、先天炁の光と後天気です。それらが因昷すれば、中虚に純精を蔵すると曰われます。

「習々昷々の境は皆、無所定にして有所定に在るなり。(午十三―一)」と説かれるように、昷々を練習する時の心境は、定する所が有るような無いような、所謂《いわゆる》恍惚杳冥の境で、似々如々《じじじょじょ》のリスキーな境でもあります。

それ故に、志の堅、心の誠が尊ばれるわけですが、要注意ではあっても、注意して実行すれば真実が得られる功候には違いありません。

そのように、先天と後天の粒と波がクロスする如く相互交流して輪運し因晶することが真功の特徴であるとも言えるでしょう。その中真、中央の真虚は先天と後天の境目であり、喩えれば、地下に根を張り地上に枝葉を栄えさせる樹木の根本のような所です。それ故、木本《もくほん》とも呼ばれます。

何事も大成するには、拠り所になる根というべきものが必要です。丈夫な根があればこそ、若木も大木に生長してゆけます。逆に大木であっても、根が弱ったり傷付いたりすると倒れてしまいますね。根を修錬する、錬根という言葉もあります。食材の蓮根《れんこん》は、同音なので禅門等では特に好まれているようです。

人に生まれる事は非常に確率的に希少、と古来の聖賢でなくても現代の誰でも思い当たる所ですが、人に生まれた中で大道の真理に善縁を賜る者は更に少数でしょう。その人々の中で実際に修養して大成する人は極めて希だと、容易に想像がつきます。夙根《しゅっこん》(早い時期からの根基)を持った古来からの志を有する人でないと大成功は困難であるとも謂われます。

けれど、その様な夙根を持たない場合でも、植物が新しい根を発生させるように、強い根が生じる因を植えれば、誰でも不可能ではない筈です。実際に、人以外の形体を持つ動植物から真人に成られた例もあるそうです。

「人生の根たるや、其の形質を以てせずして、其の霊神を以てす。万物の根たるや、其の精気を以てせずして、其の炁化を以てす。修養の根たるや、其の坐息を以てせずして、其の静空を以てす。能く空が始まれば能く容す。能く容が始まれば能く収す。能く収が始まれば能く孕す。能く孕が始まり能く其の正を保てば、其の仁を存す。仁を存する者は必ず、其の根を復すべし。根が固して孕するや、蘊は始まり弗息となるのみ。（午十九―十二）」

　形質や精気、坐息が不要という意味ではありません。惟、それらは、霊神や炁化、静空に留意していると自然に得られるものですから、頼りにする根っこと考えずとも良いという訳です。それから、この弗息《ふっそく》とは、息《そく》モードをしないという意味ではなく、已《や》むことが無いという意味です。

「自然の真旨は一虚に在り。一虚の功候は一息が之を形す。（経髄天四―三）」

「虚に於いて自《じ》して覚《かく》する所を有すれば、天機の将《まさ》に動しようとするに即《そく》するなり。其の自する所にして刹那《せつな》の間に於いて悟《ご》を為せば、天地の祖炁《そき》に即するなり。（経髄人二―六）」とも説かれています。

　話題は尽きませんけれど、永遠と刹那はイコールで「一」に繋がります。

　この鎮心経の御縁が一つのきっかけとなり、読者の中から真の成功者が続出する事を、筆者は心より願っております。

おわりに

道院に縁じて学習しました大道の真理を、広く皆様にお知らせしたいという思いから十年ほど前、単行本「生きる！意味と方法」が生まれました。その本は、一般的な方達のために、常識的な言葉で道の真理を紹介するもので、普通の主婦や高校生にも読んで頂けると思って出しました。

本書は、それよりも専門的に、今現在我々が何をすれば、自分にとって、家族や友人、周囲の人々や生き物たち、地域や国、地球、太陽系、我々の母なる銀河系にとって有益であるかという問題に対して、簡単で効果的で且つ根本的対策になり得ると思われる、けれども今日まで一般に知られていなかった至理と秘法を、広く皆様にお知らせしようとするものです。

道院の経典は、フーチと呼ばれる神事的方法で文字を伝授して得られたものばかりです。それ故、人知の及ばない不思議な事も当然の様に説かれています。しかも非常に理路整然と合理的で嘘やごまかしが無くて、拝読すればする程味わい深く、常に初めて接する様な新鮮な感動が有ります。

けれど、現在の既成概念に囚われている人にとっては理解し難いようで、又オリジナルな文字も多数使われていて、パズル感覚の解析を要します。

それ故、誤解を招き易い懸念もあり、道院内でさえ経典の内容を論じる事は憚《はばか》られ、勿論一般公開などは伝統的に禁止されてきました。

そのような経典とその解説を一研究者の責任で敢て出版しました事は、この世界の混迷状況に対して個人的に可能な慈行であり、かつ未来の為に絶対に必要であるはずと痛感しましたからに外なりません。

単行本「鎮心経」は華やかな宣伝も無く、次から次と発表されては消え去ってゆく多くの書籍のように、街の書店からは姿を消しましたが、少数ではありますが、得難い書に出会った、と喜んで愛読して下さる方々や、現実に災害の軽減を体感された等のご連絡を下さる読者もおられます。

そしてこのたび、電子書籍として出版の機が到来いたしました。

いよいよ今から、先天炁の力が発揮されてくる気がしております。

末筆ながら、読者の皆様の心身のご健康をお祈り申し上げますと共に、風詠社の大杉氏・小野高速印刷の上川氏はじめ、各実務の皆様のご協力、そして又個人的には実母と修養の仲間達の応援がありました事を、ここに慎んで付け加えさせて頂きます。

一揖

丁酉（2017年）仲秋

炁楽　仙女

主要な竅《きょう》

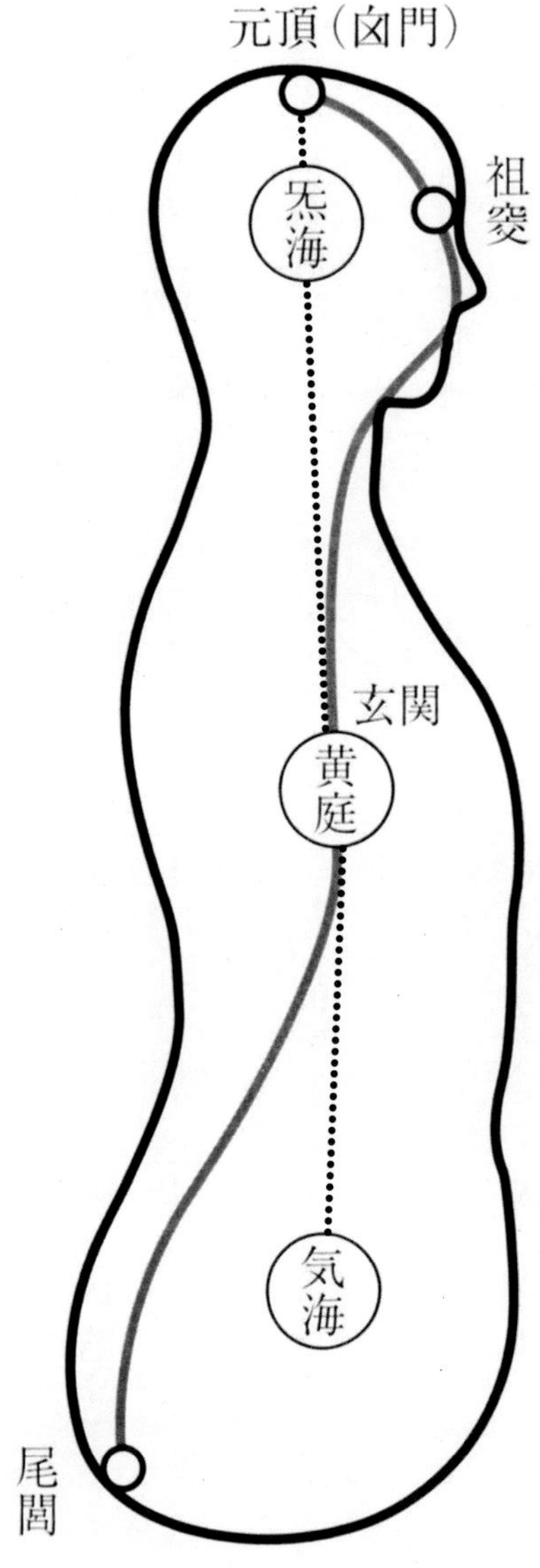

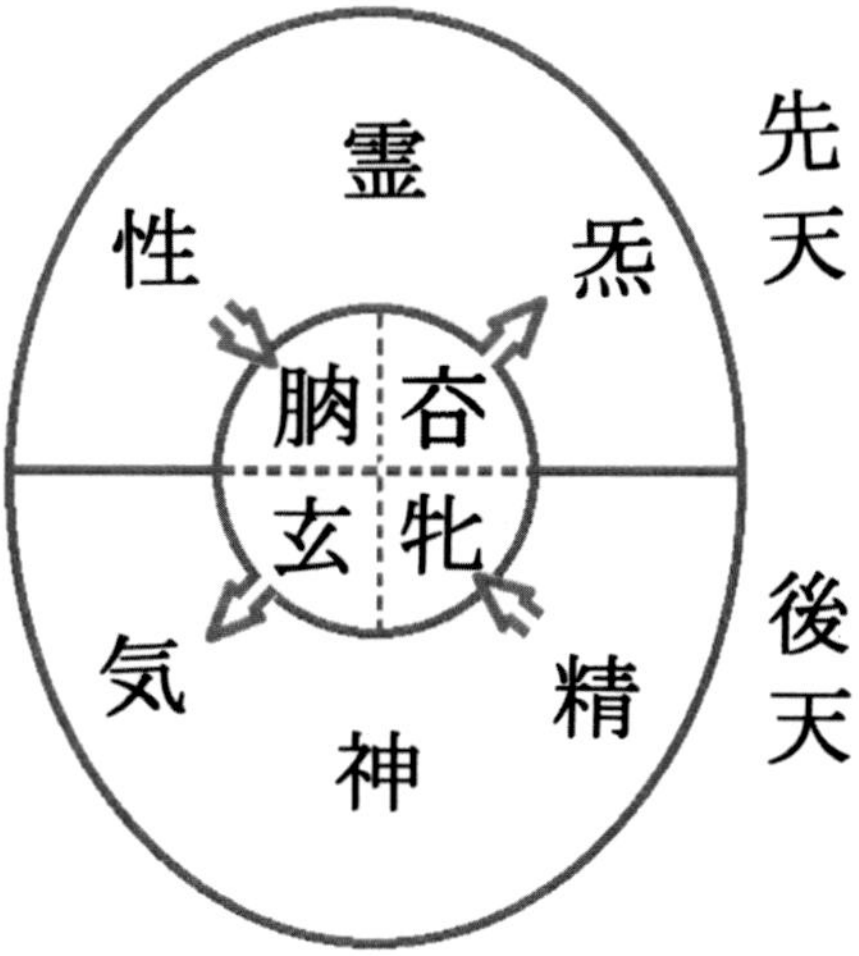

先天《せんてん》と後天《こうてん》の関係　　修養における認識の概要

先天―超物質の世界　　後天―物質の世界
先天三宝―炁《き》霊性　　後天三宝―気神精
修養の先天三宝―炁霊神　　修養の後天三宝―心性命
　先後合天の三宝―心杳玄《げん》
炁―先天の超基本物　　気―後天の基本物
霊―波状態の炁　　神―波状態の気
性―凝集状態の炁　　精―凝集状態の気
炁霊神の神―本神　　心性命の性―天性
　心杳玄の心―真息《しんそく》状態の心
心杳玄の杳―先天発動の基　　心杳玄の玄―後天発動の基

窯楽仙女（きらく せんにょ）

大阪に生まれる。1983年、道院に縁じる。
以来、経典の研究をライフワークとする。
日訳及び参考解説書多数。（市販されていません）
著書「生きる！意味と方法」初版本は完売絶版のため、
電子書籍及びオンデマンド本にて「BookWay風詠社」より発売中。

紙書籍「鎮心経」（たま出版・すでに廃版）はアマゾン等で販売中。
電子書籍及びオンデマンド本の「鎮心経」は、たま出版書籍とほぼ同内容で、誤字の訂正、難解な個所の説明修正などを加えた改訂版です。ともに、BookWay風詠社（https://bookway.jp/fueisha/）より発売中。

インターネットの関連サイトは「永遠の生命、安心」
http://blog.goo.ne.jp/syu-ho-

鎮心経

2017年12月13日発行

著　者　窯楽仙女
制　作　風詠社
発行所　ブックウェイ
〒670-0933　姫路市平野町62
TEL.079（222）5372　FAX.079（244）1482
https://bookway.jp
印刷所　小野高速印刷株式会社

ISBN978-4-86584-366-8

乱丁本・落丁本は送料小社負担でお取り換えいたします。